A ARTE DE ESCREVER BEM

*um guia para jornalistas
e profissionais do texto*

Proibida a reprodução total ou parcial em qualquer mídia
sem a autorização escrita da editora.
Os infratores estão sujeitos às penas da lei.

A Editora não é responsável pelo conteúdo deste livro.
As Autoras conhecem os fatos narrados, pelos quais são responsáveis,
assim como se responsabilizam pelos juízos emitidos.

Consulte nosso catálogo completo e últimos lançamentos em **www.editoracontexto.com.br**.

Dad Squarisi
Arlete Salvador

A ARTE DE ESCREVER BEM

um guia para jornalistas
e profissionais do texto

Copyright © 2004 Dad Squarisi e Arlete Salvador

Todos os direitos desta edição reservados à
Editora Contexto (Editora Pinsky Ltda.)

Capa
Antonio Kehl

Projeto gráfico e diagramação
Gustavo S. Vilas Boas

Revisão
Luciana Salgado

Dados Internacionais de Catalogação na Publicação (CIP)

Squarisi, Dad
A arte de escrever bem : um guia para jornalistas e profissionais
do texto / Dad Squarisi e Arlete Salvador. – 9. ed., 3ª reimpressão. –
São Paulo : Contexto, 2025.
144 p.

ISBN: 978-85-520-0169-0

1. Redação – Técnica 2. Jornalismo 3. Redação de textos
jornalísticos 4. Língua portuguesa – Estudo e ensino
I. Título II. Salvador, Arlete

19-2224   CDD 808.06607

Angélica Ilacqua CRB-8/7057

Índice para catálogo sistemático:
1. Arte de escrever : Português : Técnicas de redação

2025

EDITORA CONTEXTO
Diretor editorial: *Jaime Pinsky*

Rua Dr. José Elias, 520 – Alto da Lapa
05083-030 – São Paulo – SP
PABX: (11) 3832 5838
contato@editoracontexto.com.br
www.editoracontexto.com.br

Para Augusto Marzagão,
mestre

Sumário

Apresentação..11
É possível escrever bem...11

A garimpagem do óbvio..............................13
A arte de pensar...15
A pirâmide invertida...18
O Novo Jornalismo...22

O texto jornalístico 25

Dê passagem às frases curtas 27

Prefira palavras curtas e simples 31

Ponha as sentenças na forma positiva 32

Opte pela voz ativa 33

Escolha termos específicos 33

Fique com as palavras concretas 37

Restrinja a entrada de adjetivos 40

Persiga a frase enxuta 42

Seja conciso 47

Corra atrás da frase harmoniosa 51

Busque a clareza 60

Teste a legibilidade do texto 64

Gêneros jornalísticos 67

A força da notícia 68

Reportagem factual 69

A suíte 72

Reportagem especial 75

Declaração é notícia 82

A entrevista pingue-pongue 82

Gente é notícia 87

    Perfil 87

    Personagem 93

Opine, não ache 97

    Editoriais 97

    Artigos, colunas e análises 98

Quanto menor, melhor 103

Acessórios trabalhosos 105

    Quente ou fria? 109

Toque final 111

A ética das palavras 112

As penetras 115

Na boca do povo 118

Mesmeiros do texto 119

Lição do corpo 122

Samba da mistura doida 125

Mistérios do plural 127

Receita do cruz-credo 128

A ditadura da indústria 133

    A faca dos editores 134

    A pressão do fechamento 135

Bibliografia 139

As autoras 141

Apresentação

É possível escrever bem

Escrever está na moda. As novas tecnologias de comunicação, quem diria, ressuscitaram o valor da escrita. Já não se escrevem cartas como antigamente, mas concisas mensagens eletrônicas. Já não se admitem relatórios longos e complexos. Tempo é dinheiro. Relatórios devem ser objetivos e contundentes. E os vestibulares? Estudante não entra na faculdade se falhar na redação. Nunca se precisou tanto da escrita quanto agora.

Ensinar a escrever é tarefa para professores. Jornalistas podem contribuir para aprimorar a técnica de repórteres mais jovens. Profissionais da imprensa são forjados na prática. Trabalham com a experiência adquirida ao longo dos anos de atividade. Gerações deles foram educadas nos gritos das redações e na humilhação pública, quando suas matérias eram jogadas no lixo.

Ajuda vale mais que gritos. Este livro se propõe ajudar estudantes a escrever bem. Temos clareza das limitações do desafio. Escrever é atividade complexa, resultado de boa alfabetização, hábito da leitura, formação intelectual, acesso a boas fontes de informação e muita, muita prática. Além, é claro, de algo que vem de Deus ou do DNA, quem sabe? – o talento individual.

Não temos o poder de distribuir talento. Nosso papel é contribuir para preencher os outros requisitos – os que dependem do esforço pessoal e da persistência dos interessados em desenvolver a habilidade de transformar objetivos em textos. Aqui estão orientações básicas para o manejo da língua usada na imprensa. Os leitores podem não se transformar em novos Machados de Assis, mas enfrentarão mais preparados o desafio de escrever. Os gênios, talentosos por natureza, não precisam de nós. Pelo contrário. Ensinam-nos.

Dad e Arlete

A garimpagem do óbvio

Separar alhos de bugalhos é um longo caminho.
Sonia Racy

A literatura acadêmica é curta e grossa no capítulo em que ensina a escrever um texto jornalístico. O texto, pregam os teóricos, deve começar respondendo, logo de cara, a seis perguntas fundamentais:

O quê?
Quem?
Quando?
Onde?
Como?
Por quê?

E não é que é assim mesmo? Em jornais, rádios, televisões e na internet, as notícias são apresentadas nesse formato. Quando William Bonner abre o *Jornal Nacional* dizendo que "uma bomba explodiu na Chechênia matando o presidente da província e 31 pessoas", usa a estrutura mais simples e direta do jornalismo.

Trata-se de fórmula fácil de reconhecer. Ela está em todos os lugares e serve de esqueleto, por exemplo, para anúncios de missas de sétimo dia:

> *Familiares convidam para a missa de sétimo dia da morte de fulano de tal a se realizar no dia tal, igreja tal e horário tal.*

Ou para embalar notícias de crimes e acidentes:

> *Um motorista embriagado bateu de frente com outro veículo na avenida tal, ontem à noite, matando os quatro ocupantes. Entre eles estava uma criança de seis meses.*

Moleza? Não é. A maior dificuldade de repórteres e redatores é encontrar as respostas certas para as seis perguntas marotas. Eles se perdem no emaranhado de dados trazidos da rua. Sentem-se incapazes de dizer o que aconteceu. Enredados por informações às vezes conflitantes, mostram-se inaptos para reconhecer os fatos mais importantes.

Responder às seis perguntas básicas é exercício de garimpagem. Escondido embaixo de toneladas de dados secundários, coberto por montanhas de detalhes desnecessários e disfarçado sob camada fina de observações sofisticadas, jaz o diamante reluzente do óbvio. Sim, infelizmente, nada é mais difícil para o repórter do que identificar a obviedade de uma notícia.

Afinal, o que são as seis perguntas cruciais se não o reconhecimento da obviedade em qualquer evento? Preste atenção nas conversas do dia a dia, em especial naquelas sem grandes pretensões intelectuais, com amigos, marido, mulher e filhos sobre acontecimentos corriqueiros.

Você começa um papo com uma amiga. Conta que está namorando. Qual a primeira pergunta que a outra lhe fará? Óbvio: quem? À medida que você responde, outras questões virão: como ele é (o namorado)? Como você o conheceu? Onde se encontraram? Como decidiram namorar? Sem perceber, vocês estão seguindo o conteúdo e a estrutura necessária para a construção de pequena reportagem. Os teóricos do jornalismo sintetizaram a dinâmica das nossas conversas.

A arte de pensar

Penso, logo existo.
René Descartes

A receita para escrever texto jornalístico funciona bem porque estrutura o pensamento. Quem já passou horas diante de uma tela em branco do computador, em dúvida sobre por onde começar, sabe o que é angústia. Os mais velhos devem se lembrar das páginas arrancadas das máquinas de datilografia quando se instalava a tortura. O papel jogado na lata de lixo tinha a vantagem de materializar o peso do tormento na vida dos candidatos a Machado de Assis, Elio Gaspari ou Roberto Pompeu de Toledo. Com o computador, não há sinais visíveis do sofrimento, mas ele continua, firme e forte.

Tanta dor tem uma causa. O texto passa a existir muito antes de tomar corpo na tela. Nasce, primeiro, na cabeça do autor. A habilidade de escrever é resultado da habilidade de pensar – pensar de forma ordenada, lógica e prática. Sem esse exercício, não há como encher a tenebrosa tela branca.

Assim, gaste tempo pensando sobre o que você quer escrever e, só depois, com um roteiro à mão, sente-se à frente do traumatizante computador. Ele se transformará naquilo que é – valioso instrumento de trabalho. A fonte de onde brotarão ideias, frases inteligentes e conceitos consistentes está no cérebro. A máquina não substitui o maior e mais fascinante talento do homem, a capacidade de pensar. Graças a Deus.

Trace um plano de voo. Como? A seguir, daremos um roteiro. As regras não garantem o despertar de gênios, mas oferecem caminho seguro para chegar a texto informativo, sucinto e direto, características fundamentais no estilo jornalístico.

 Faça um resumo da história como você faz quando um amigo lhe pergunta sobre a festa à qual ele não compareceu. Provavelmente, você diz: "A festa estava animada, cheia de gente bonita. A música era ótima e a comida, fabulosa". Pronto, eis o resumo da sua história. Não o perca de vista. Seu objetivo será contar a narrativa em detalhes.

A garimpagem do óbvio

 Responda às seis perguntas indicadas no início deste capítulo na ordem em que foram apresentadas. A primeira é *o quê?*. A última, e mais difícil, é *por quê?*. As respostas não devem ultrapassar duas linhas. Nunca, jamais, em tempo algum podem ser maiores do que duas linhas. Seja até avarento. Escreva menos ainda.

 Enxugue o texto. Em jargão jornalístico, "enxugar" significa diminuir, cortar, mandar pras cucuias palavras e informações desnecessárias. Comece agora. Você ignorou a orientação para restringir-se a duas linhas? Passe a tesoura sem dó nem piedade.

 Leia e releia o texto. Aproveite para checar as informações. Nome, cargos e títulos das pessoas estão corretos? Pode parecer bobagem, mas nada irrita mais os leitores e desacredita a informação que ver nomes publicados com a grafia errada. A recomendação vale para outros pormenores, como localização de uma cidade, distâncias, número de leis.

 Na dúvida, procure confirmação em dicionários, mapas e livros de referência. Se necessário, volte a telefonar para as fontes da matéria. Não se acanhe. Diga que não está seguro sobre um item e que não gostaria de publicá-lo de forma errada. Fontes sérias agradecerão o cuidado. Os leitores também.

A arte de escrever bem

Divida o texto em partes (retrancas). Cada uma aborda um tema referente à história principal e, claro, deve ter o próprio planejamento. Uma, por exemplo, pode descrever a mansão onde ocorreu a festa. Outra, dar destaque ao cozinheiro francês especialmente contratado para o evento.

A pirâmide invertida

O estilo nada mais é do que a ordem
e o movimento postos em seu pensamento.
Conde de Buffon

O modelo de perguntas e respostas na construção do texto atende à estrutura clássica de apresentação de uma notícia – a pirâmide invertida. A técnica estreou em 1861, no jornal *The New York Times*, como forma de dar objetividade ao relato de um acontecimento. Consiste em pôr as informações mais importantes no primeiro parágrafo, respondendo "o quê? quem? quando? onde? como? por quê?".

Nessa ordem, os pormenores essenciais aparecem primeiro. Na prática, conta-se a história do fim para o começo, daí o nome de pirâmide invertida. Nas três últimas décadas, houve tentativas de mudança nos textos tradicionais, forçadas pelo fenômeno dos noticiários audiovisuais e pela internet. Os veículos digitais, mais rápidos, divulgam as notícias em tempo real, comprometendo o papel dos veículos impressos.

No passado, além do rádio, os jornais eram as únicas fontes de informação disponíveis. Hoje, não é assim, mas eles continuam a ser produzidos como se fossem. Um exemplar de hoje apenas com notícias de ontem chega às bancas desatualizado. O leitor foi bombardeado pelas informações do rádio e da tevê. Muitos acompanharam a notícia pela internet.

Tomemos como exemplo o aumento dos combustíveis. Os jornais nacionais publicaram a notícia numa sexta-feira, mas o anúncio foi feito no dia anterior. A decisão da Petrobras estava no ar na própria quinta nos noticiários on-line, televisivos e radiofônicos. Motoristas mais atentos tiveram tempo de completar o tanque do carro para escapar do reajuste. Os jornais ignoraram essa realidade e trataram o reajuste como novidade. Não era. Era assunto de conhecimento amplo.

Veja exemplos de um dos aumentos de combustíveis em 2017:

Após duas quedas consecutivas, a Petrobras anunciou nesta quinta-feira aumento de 2,2% nos preços da gasolina e de 4,3% no preço do diesel. Os novos valores entram em vigor nesta sexta.

Os percentuais referem-se à alta no preço cobrado pela estatal às distribuidoras. A companhia estima que, nas bombas, a alta será de 1,2% (ou R$ 0,04 por litro) no caso da gasolina e de 2,9% (ou R$ 0,09 por litro) no caso do diesel.

[...]

A política de preços de combustíveis estabelecida pela Petrobras em outubro de 2016 prevê revisões mensais de acordo com as condições do mercado internacional e da competitividade dos produtos da empresa no mercado brasileiro. (Folha de S.Paulo)

A Petrobras anunciou nesta quinta-feira, 20, a decisão de elevar os preços da gasolina e do diesel nas refinarias. A partir desta sexta-feira, 21, a gasolina terá um reajuste de 2,2%, em média, e o diesel, de 4,3%. O impacto para o consumidor é estimado em 1,2%, ou R$ 0,04 por litro, para a gasolina, e 2,9%, ou cerca de R$ 0,09 por litro, para o diesel.

[...]

Conforme nota divulgada pela estatal, a revisão segue a nova política de preços estabelecida no fim do ano passado, que busca acompanhar os preços de derivados do petróleo no exterior. (O Estado de S. Paulo)

Com pequenas alterações, as matérias são quase idênticas. Seguem o modelo de resposta às seis perguntas básicas do jornalista – o quê?, quem?, quando?, onde?, como? e por quê? –, sustentáculo da pirâmide invertida. Conclusão: apesar da resistência de muitos profissionais, o formato consagrado impera nas redações.

No livro *A arte de fazer um jornal diário*, o jornalista pernambucano radicado em Brasília Ricardo Noblat abomina matéria puramente factual. "Por favor, não me contem o que já sei", diz ele. "Topo ler o que já sei se vocês acrescentarem informações que desconheço ou se me explicarem o que não entendi direito. Até topo ler sobre o que já sei se vocês anteciparem o que está por vir. Mas só nesses casos. As seções de horóscopo dos jornais não fazem tanto sucesso? Quantas pessoas não consultam cartomantes, videntes e toda sorte de gente que se diz apta a adivinhar o futuro? Não acredito nesse tipo de gente. Mas acredito que o sonho de todo mundo é ler hoje o jornal de amanhã. E acredito na possibilidade de profissionais competentes anteciparem fatos".

Noblat tem sido defensor ardoroso de um novo modelo de jornalismo diário capaz de ir além da apresentação dos acontecimentos de ontem. Mas também ele sofria do pavor das redações em apostar em matérias exclusivas e, com isso, comprometer a cobertura diária a que os leitores estão acostumados. Durante os 10 anos em que dirigiu o *Correio Braziliense*, seguindo o modelo de jornalismo pouco dado ao factual, Noblat viveu essa contradição.

Ele exigia criatividade da equipe nas reuniões de pauta, mas cobrava notícias do dia no horário de fechamento. Viraram folclóricas suas visitas à redação às 8h da noite, quando não dá mais tempo para acrescentar nada. Os editores viviam em estado de alerta, tensos e inseguros sobre a edição. O que mais temiam era ouvir Noblat gritar: "Temos isso?" "Isso" era um acontecimento do dia que ele lera nas edições dos jornais na internet ou ouvira no *Jornal Nacional*. Se não tivesse, o editor que tratasse de conseguir. E mais. E melhor, com recursos gráficos, artigos, interpretações e análises. Às 8h da noite! A cena era tão comum que um grupo de repórteres bem-humorados da editoria de Cidades criou uma banda de música chamada *Temos isso?*

O Novo Jornalismo

Uma boa reportagem se faz com precisão,
rigor e correção, mas também e sobretudo com emoção.
Zuenir Ventura

A contestação ao modelo de pirâmide invertida não é recente. Nos anos 1960, jornalistas como Tom Wolfe, Truman Capote, Gay Talese e Norman Mailer inovaram. Abandonaram a estrutura clássica de texto factual, acrescentando elementos literários. Criaram o Novo Jornalismo. Um dos textos mais conhecidos desse período é *A sangue frio*, de Truman Capote. Conta o assassinato de uma família de fazendeiros no Kansas, ocorrido em 1959. Capote investigou a história para um artigo da revista *The New Yorker*, mas o trabalho transformou-se em romance. Foi publicado em capítulos, virou livro e filme.

O Novo Jornalismo também desembarcou no Brasil na década de 1960. O *Jornal da Tarde* e a revista *Realidade*, lançados nesse período, em São Paulo, chegaram ao mercado com a cara da novidade. O fenômeno durou pouco,

A garimpagem do óbvio

mas ainda há quem reclame de saudades daquelas velhas e boas reportagens.

A verdade é que, séculos e muita discussão teórica depois, a pirâmide invertida resiste na imprensa. Que o digam os serviços on-line dos jornais tradicionais e as mídias sociais. Seus textos são provas de que a estrutura em pirâmide invertida sobreviveu incólume ao tempo e aos avanços tecnológicos. Curtos e objetivos, dispensam informações desnecessárias. Vão direto ao ponto. Contam o que aconteceu com o máximo de detalhes e o mínimo de palavras. Começam sempre pelo fim da história porque o leitor não tem tempo nem paciência para enrolação. A modernidade tecnológica consolidou o modelo clássico de escrita jornalística.

O texto jornalístico

A frase jornalística tem de estar construída
de tal forma que não só se entenda bem,
mas que não se possa entender de outra forma.

Íñigo Dominguez

Existe texto jornalístico? Existe. Ele se enquadra entre as redações profissionais. É feito para ser lido, entendido e, se possível, apreciado. O jornalista, como o empresário, o advogado, o economista, escreve de olho no destinatário. E aí reside a diferença.

O advogado, o economista e o empresário escrevem para um público conhecido. A petição do advogado destina-se ao juiz. A análise do economista, a economistas. O relatório do diretor, ao presidente da empresa. A matéria do jornal, aos leitores do jornal.

Quem são eles? A resposta engloba de A a Z. São pessoas de variados níveis de escolaridade. De variadas profissões. De variadas faixas etárias. De variados interesses. O desafio do repórter é se fazer entender por todos. Quem – apesar das diferenças – se aventurar a ler uma

25

reportagem, entrevista ou comentário deve ter a impressão de que o texto foi escrito para ele.

Como chegar lá? Os ingredientes são três: linguagem clara, informações precisas e estilo atraente. Há técnicas simples e práticas capazes de orientar o redator. Elas nasceram do bom senso e da experiência de jornalistas e escritores que, provocados, encontraram respostas para o grande desafio: escrever para o leitor.

Para ser lido, entendido e apreciado, certo talento se impõe. Mas não é suficiente. Outros quesitos precisam ser contemplados. Entre eles, domínio do idioma, familiaridade com o assunto tratado, capacidade de leitura, disposição e coragem para enfrentar duras batalhas.

Os dados, o objetivo e o plano são os ingredientes. A forma de prepará-los é que dá o toque especial ao prato. Uma frase particularmente elegante, capaz de veicular com clareza e simplicidade a mensagem que você quer transmitir, é conquista pessoal, exercício diário de desapego, humildade e vontade de melhorar.

Com os dados à mão, objetivo definido e plano traçado, é hora de redigir. Como? Sem perder de vista o leitor. Lembre-se de duas dicas:

O texto jornalístico

 **Seja natural** – Imagine que o leitor esteja à sua frente ou ao telefone conversando com você. Fique à vontade. Espaceje as frases com pausas e, sempre que couber, com perguntas diretas. Confira a seus textos um toque humano. Você está escrevendo para as pessoas.
Seduza – Vá direto ao assunto. Comece pelo mais importante. E comece bem, com uma frase atraente, que lhe desperte o interesse e o estimule a prosseguir a leitura. No final, dê-lhe o prêmio: um fecho de ouro, como inesquecível sobremesa a coroar um lauto jantar.

William Strunk Jr., professor de altos estudos da língua inglesa, costumava dizer: "A prosa vigorosa é concisa. A frase não deve ter palavras desnecessárias nem o parágrafo frases desnecessárias, pela mesma razão que o desenho não deve ter linhas desnecessárias nem a máquina partes desnecessárias. Isso não quer dizer que o autor faça breves todas as suas frases, nem que evite todos os detalhes, nem que trate seus temas só na superfície: apenas que cada palavra conta".

Os segredos do estilo mais eficiente podem ser resumidos em 12 preceitos, relacionados a seguir.

Dê passagem às frases curtas

Uma frase longa não é nada mais que duas curtas.
Vinicius de Moraes

O leitor só consegue dominar determinado número de palavras antes que seus olhos peçam uma pausa. Se a frase

A arte de escrever bem

for muito longa, ele se sentirá perdido, sem capacidade de compreender-lhe o completo significado. Prefira, por isso, sentenças de, no máximo, 150 toques.

A frase curta tem duas vantagens. Uma: diminui o número de erros. Com ela, tropeçamos menos nas conjunções, nas vírgulas e nas concordâncias. A outra: torna o texto mais claro. Clareza é, disparado, a maior qualidade do estilo. Montaigne, há 400 anos, ensinou: "O estilo deve ter três qualidades – clareza, clareza, clareza".

Como chegar lá? Vinicius de Moraes deu a dica. "Uma frase longa", disse ele, "não é nada mais que duas curtas". Vamos abrir o jogo: "Na dúvida, use ponto". O jeito, então, é desmembrar as compridonas. Eis algumas dicas:

a) Substitua o gerúndio por ponto:

> 🔊 *Alunos recém-aprovados no vestibular chegarão à universidade no segundo semestre, **podendo**, se forem estudiosos, concluir o curso em quatro anos, **fazendo** em seguida um curso de pós-graduação.*

Sem o gerúndio, o ar entra livre nos pulmões e, de quebra, o período ganha charme:

> 🔊 *Alunos recém-aprovados no vestibular chegarão à universidade no segundo semestre do ano. Se forem estudiosos, poderão concluir o curso em quatro anos e, em seguida, fazer uma pós-graduação.*

b) Transforme a oração coordenada em novo período:

> 🔊 *Pensei em construir uma rodoviária maior e mais moderna, pois a que temos dentro em pouco será insuficiente, mas os trabalhos a que me*

aventurei, necessários ao conforto dos viajantes, não me permitiram a execução de uma obra, embora útil, prorrogável.

Com o ponto, dá pra respirar fundo:

🔊 *Pensei em construir uma rodoviária maior e mais moderna, pois a que temos dentro em pouco será insuficiente. Mas os trabalhos a que me aventurei, necessários ao conforto dos viajantes, não me permitiram a execução de uma obra, embora útil, prorrogável.*

c) Livre-se do *já que*:

🔊 *Os líderes europeus tiveram de falar em Emmanuel Macron, **já que** a sua eleição à Presidência da França surpreendeu o mundo político.*

Sem a duplinha:

🔊 *Os líderes europeus tiveram de falar em Emmanuel Macron. A sua eleição à Presidência da França surpreendeu o mundo político.*

d) Isole as orações:

🔊 *Na qualidade de embaixadora da Boa Vontade do Alto Comissariado das Nações Unidas para Refugiados (Acnur), a atriz americana Angelina Jolie chegou neste domingo a Lampedusa, onde visitou os milhares de refugiados do norte da África, em particular da Líbia, que se abrigaram na pequena ilha italiana, tendo também*

A arte de escrever bem

participado de uma cerimônia em memória dos imigrantes que naufragaram no Mediterrâneo.

Ufa! Venham, pontos:

◀ヅ *Na qualidade de embaixadora da Boa Vontade do Alto Comissariado das Nações Unidas para Refugiados (Acnur), a atriz americana Angelina Jolie chegou neste domingo a Lampedusa, onde visitou os milhares de refugiados do norte da África, em particular da Líbia. Eles estão abrigados na pequena ilha italiana. A atriz também participou de uma cerimônia em memória dos imigrantes que naufragaram no Mediterrâneo.*

e) Seja sovina:

◀ヅ Troque a oração adjetiva por adjetivo: Quem escreve *animal que se alimenta de carne* quer dizer *animal carnívoro; pessoa que planta café, cafeicultor; criança que não tem educação, criança mal-educada.*

Substitua a oração pelo termo nominal:

Compare:

◀ヅ *A comunidade exige que o criminoso seja punido. A comunidade exige a punição do criminoso.*

◀ヅ *Ninguém duvidava de que o plano tivesse êxito. Ninguém duvidava do êxito do plano.*

Lembrete: perdoar é o grande vício de Deus. Mas o Senhor tem especial predileção por absolver os inimigos do quê. Candidate-se.

Prefira palavras curtas e simples

Mãe é mãe. Genitora é a tua. Progenitora é a vó.
Carlos Lacerda

Um assessor político do Palácio do Planalto queria fazer bonito com o novo chefe. Num discurso, escreveu: "Esforçar-nos-emos para viabilizar uma sociedade mais inclusiva". O presidente leu-a em voz alta. Achou-a pretensiosa e oca. Substituiu-a por: "Vamos construir um país em que ninguém fique de fora".

É isso. Palavras longas e pomposas atrapalham a leitura. Seja simples. Entre dois vocábulos, prefira o mais curto. Entre dois curtos, o mais expressivo.

Só ou *somente*? *Só*. Com ela, poupam-se duas sílabas. *Féretro* ou *caixão*? *Caixão*. É mais simples e mais curta. *Óbito* ou *morte*? *Morte*. Deixe óbito para os escrivães. Eles adoram empolação. Em vez de *falecer*, prefira *morrer*. Substitua *obviamente* por *é claro*. *Morosidade* por *lentidão*. *Ósculo* por *beijo*. *Matrimônio* por *casamento*. *Causídico* por *advogado*. *Colocar* por *pôr*. *Genitor* e *genitora* por *pai* e *mãe*. *Data natalícia* por *aniversário*. *Esposo* e *esposa* por *marido* e *mulher*.

Que tal? Ser simples é a melhor receita. Sem aviá-la, prepare-se. Você corre risco de dar bom-dia a cavalo.

A arte de escrever bem

Ponha as sentenças na forma positiva

Ser simples é complicado.
Amália Rodrigues

A regra é dizer o que é, não o que não é. *Não ser honesto é ser desonesto. Não lembrar é esquecer. Não dar atenção é ignorar. Não comparecer é faltar. Não pagar em dia é atrasar o pagamento. Emprego que não paga bem paga mal.*

Dizer o que não é em geral soa hesitante, impreciso. Pode sugerir malandragem, tentativa de fugir do compromisso de afirmar.

Compare as frases:

🔊 *O noivo não acredita que o padre chegue a tempo.*
O noivo duvida que o padre chegue a tempo.

🔊 *O presidente diz que não fará alterações na política econômica.*
O presidente nega alterações na política econômica.

🔊 *Vargas Llosa não virá hoje.*
Vargas Llosa virá no sábado.

É isso. O *não* causa arrepios. Ninguém o ama, ninguém o quer. Mostre-lhe o cartão vermelho.

32

Opte pela voz ativa

"Preciso fazer algo" resolverá mais problemas que "algo precisa ser feito".
Glennvan Ekeren

O verbo tem voz. Mas precisa de alguém que fale por ele. Às vezes é o sujeito. Com ele, a frase fica esperta. Torna-se vigorosa. Enche-se de poder. Daí o nome *voz ativa*.

Outras vezes, o sujeito é boa-vida. Preguiçoso, não pratica a ação. A oração fica mole. Parece medrosa. Dá a impressão de que o autor, sem assumir a autoria, transfere a responsabilidade de declarar para o agente da passiva. Compare:

🔊 Voz ativa: *O fã escreveu a carta ao artista.*
🔊 Voz passiva: *A carta ao artista foi escrita pelo fã.*

Percebeu a diferença? A voz ativa tem três vantagens. Uma: é mais curta. Duas: dispensa a praga do verbo "ser". A última: soa mais direta, vigorosa e concisa que a passiva. Dê-lhe preferência sempre que puder.

Escolha termos específicos

Dê nome aos bois.
Voz do povo

A clareza das ideias está intimamente relacionada com a precisão das palavras que as traduzem. Buscar o vocábulo certo para o contexto exige atenção, paciência e pesquisa. Consultar dicionários, textos especializados e profissionais da área deve fazer parte da rotina do repórter.

Quem escreve um texto de economia, por exemplo, tem de distinguir o significado de salário, vencimento, provento, pensão, subsídio ou verba de representação. Uma reportagem sobre política cai no descrédito se disser que os deputados vetaram um projeto. Quem veta é o presidente da República. A Câmara rejeita. Uma notícia sobre o Judiciário tropeça se afirmar que o juiz deu parecer. Ele ordena, determina, profere sentença.

"Lutar com palavras/", escreveu Drummond, "é a luta mais vã./Entanto lutamos/mal rompe a manhã". O poeta sabia das coisas. As palavras são enganosas por natureza e vocação. Armam ciladas. *Tempestivo* e *intempestivo* nada têm com temperamental. *Inclusive* não é sinônimo de *até*. *Espectador* não se confunde com *expectador*.

Falar e *dizer* não são sinônimos. Daí o comentário pouco lisonjeiro "falou, falou, mas não disse nada". Ou, ao contrário, "falou e disse".

Falar não equivale a dizer, afirmar, declarar. Mas a dizer palavras, expressar-se por meio de palavras: *Ele fala várias línguas. Falou com o prefeito. Não falará no assunto. O apelo da criança fala ao coração.*

Dizer é verbo declarativo. Equivale a declarar, afirmar:

◀ɔ) *Antônio disse que aumentaria o valor do salário mínimo. Nenhum candidato diz toda a verdade.*

◀ɔ) *São Pedro disse:*
– Entra, Irene. Você não precisa pedir licença.

(Manuel Bandeira)

 Na dúvida, substitua o *falar* pelo *dizer*. Se der certo, o lugar é do verbo dizer. Mande o *falar* pras cucuias: *Ministro fala* (diz) *na* TV *que o dólar vai baixar. O professor falou* (disse) *que vai aderir à greve. Quem falou* (disse) *isso?*

O *falar* tem arrepios quando acompanhado da conjunção *que*. Os dois são inimigos desde que nasceram. Na presença do *falar que*, não duvide. Você está diante de um usurpador. Ele fala, fala e nada diz. A gente tem de falar e dizer. Devolva o posto ao *dizer*.

Acontecer é outra vítima da pobreza vocabular. Ele parece, mas não é panaceia. Acontecer é cheio de caprichos. Elitista, tem poucos empregos. Mas, por culpa do destino, os colunistas sociais o adotaram. A moda se espalhou. O verbo virou praga. Tudo acontece. Até pessoas. Frases como estas aparecem a torto e a direito: *Neymar está acontecendo na seleção. O casamento acontece na catedral. O show acontece às 22h.*

Acontecer deve ser empregado na acepção de suceder de repente. Dá ideia do inesperado, desconhecido: *Caso acontecesse a explosão, muitas mortes poderiam ocorrer.* Ele é muito bem-vindo na companhia dos pronomes indefinidos (tudo, nada, todos), demonstrativos (este, esse, aquele, isto, isso, aquilo) e o interrogativo que: *Tudo acontece no feriado. Aquilo não aconteceu por acaso. Que aconteceu?* Não o use no lugar do *ser, haver, realizar-se, ocorrer, suceder, existir, verificar-se, dar-se, estar marcado para.* Busque saídas.

Uma delas é substituir o verbo: *O show acontece* (está marcado para) *às 22 horas. O festival aconteceu* (realizou-se) *no ano passado. O crime não aconteceu* (ocorreu). *Não aconteceu*

A arte de escrever bem

(houve) *o rigoroso inverno*. Outra é mudar a frase: *A prisão aconteceu ontem*. (A polícia prendeu o ladrão ontem.) *O show de Roberto Carlos acontece no Teatro Nacional*. (Roberto Carlos faz show no Teatro Nacional). *A divulgação do resultado acontece logo mais*. (O resultado será divulgado logo mais).

Na língua, há palavras-ônibus. Parecem-se com o transporte coletivo. Com montões de significados, podem ser empregadas em muitos contextos. *Coisa*, por exemplo, é um minhocão. Assemelha-se a ônibus papa-fila. As cinco letrinhas comportam todo o dicionário. "Comprei uma coisa pra você" pode ser... qualquer coisa.

Há verbos que se confundem com chiclete. Encaixam-se em todos os contextos. São os verbos-ônibus. É o caso de *fazer, pôr, dizer, ter* e *ver*. Genéricos e incolores, tornam a frase vaga e imprecisa. Com paciência, a gente pode se livrar deles sem apelar para o pedantismo, a afetação ou o rebuscamento. Quer ver?

◀)) Fazer
Fazer uma fossa (cavar). *Fazer a estátua de mármore* (esculpir). *Fazer o trajeto de carro* (percorrer). *Fazer jornalismo* (cursar). *Fazer artigo para o jornal* (redigir ou escrever). *Fazer discursos* (proferir).

◀)) Pôr
Pôr uma palavra no parágrafo (acrescentar). *Pôr a sonda na ferida* (introduzir). *Pôr o futuro do subjuntivo na frase* (empregar). *Pôr a roupa no armário* (guardar). *Pôr dinheiro no banco* (depositar).

🔊 Dizer

Dizer poemas (declamar). *Dizer o segredo* (revelar). *Dizer exemplos* (citar). *Dizer a história* (contar).

🔊 Ter

Ter boa reputação (gozar). *Ter o respeito dos subordinados* (conquistar). *Ter dor de cabeça* (sentir). *Ter dez metros* (medir). *Ter cinquenta quilos* (pesar).

🔊 Ver

Ver a beleza do quadro (admirar). *Ver os menores detalhes* (observar). *Ver pela fechadura* (espiar).

Que ouça quem tem ouvidos de ouvir: empregar a palavra certa para o contexto é exercício difícil. Dá trabalho. Exige atenção, cuidado, paciência. E pesquisa. Consultar o dicionário ajuda. E como!

Fique com as palavras concretas

Minha terra tem palmeiras/Onde canta o sabiá.
Gonçalves Dias

Há palavras mais específicas que outras. *Gato siamês* é mais singular do que *gato*; *homem*, mais do que *animal*; *laranjeira*, mais do que *árvore*; *árvore*, mais do que *planta* ou *vegetal*. *Trabalhador* é termo de sentido geral, muito am-

37

A arte de escrever bem

plo (engloba todas as criaturas que trabalham). *Jornalista* tem sentido mais restrito. *Jornalista do* SBT, mais ainda. Ao descrever uma cena de rua, você pode referir-se genericamente a transeuntes ou particularizar: homens, jovens, estudantes, alunos da escola normal.

Escrever *foi um período difícil* constitui vagueza. *Estive desempregado durante três meses* é mais preciso, bem melhor.

Não foi por acidente que Gonçalves Dias compôs: "Minha terra tem palmeiras/Onde canta o sabiá". Se tivesse dito "Minha terra tem árvores/Onde canta o pássaro", seus versos estariam enterrados com ele, ignorados de todos.

Há jeitos de tornar concretos termos genéricos:

> *O desempenho do Produto Interno Bruto pode ser comparado ao enfermo cuja febre baixou. A temperatura, que ultrapassava os 40°, ameaçava provocar convulsões. Agora, chegou aos 39°. O quadro ainda é grave, mas vislumbra-se um começo de recuperação. No ano anterior, o* PIB *havia encolhido 0,2%. Significa que o país andou para trás. Produziu menos riquezas, restringiu investimentos, diminuiu a oferta de postos de trabalho. A renda despencou e, com ela, o consumo de bens e serviços. Indústria e comércio amargaram o ano no vermelho.*
>
> (*Correio Braziliense*).

Viu? A comparação (desempenho do PIB à febre) e a citação de exemplos baixaram o nível de abstração do texto. O que significa andar pra trás? Significa produzir

O texto jornalístico

menos riquezas, restringir investimentos, diminuir a oferta de postos de trabalho.

Há quem diga que jornalista não sabe fazer conta. Se soubesse, não seria jornalista. Por isso não se exige de quem escreve para jornal, revista, rádio ou TV especialização em matemática, estatística ou economia. Basta o domínio das quatro operações algébricas. E, de quebra, uma dose de atenção e algum bom senso.

Antes de cravar que um milhão de pessoas compareceram à praça dos Três Poderes em Brasília, convém ligar o "desconfiômetro". O Distrito Federal – incluídos Plano Piloto e cidades do entorno – abriga 4,4 milhões de habitantes. Conclusão: um milhão de pessoas na praça dos Três Poderes corresponde a 25% de todo o Distrito Federal. É um despropósito.

Números são conceitos abstratos. Tenha pena do leitor. Torne-os compreensíveis. Explique-os de modo a que tenham significado real para quem lê. Boa receita é fazer comparações. Prêmio de R$ 42 milhões? Corresponde a 42 mil salários mínimos hipotéticos de R$ 1.000. Em Johanesburgo, na África do Sul, ocorriam 225.600 estupros por ano. O número significa um estupro a cada três minutos.

Siga a regra: o específico é preferível ao genérico; o definido, ao vago; o concreto, ao abstrato. Busque variedade, propriedade e riqueza. Recuse monotonia, vagueza e indigência.

A arte de escrever bem

Restrinja a entrada de adjetivos

Corto adjetivos, advérbios e todo tipo de palavra
que está lá só para fazer efeito.

Georges Simenon

Você sabia? Substantivo e adjetivo são quase sempre inimigos mortais. Um quer distância do outro. Para aproximá-los, só há um jeito. O adjetivo deve ser capaz de especificar melhor o substantivo. Em outras palavras: tornar o nome menos abrangente, mais preciso.

Observe:

◀️) *Os alunos tiram boas notas.*

A frase diz que todos os alunos tiram boas notas. Não é isso? O adjetivo se encarrega de restringir o substantivo:

◀️) *Os alunos **estudiosos** tiram boas notas.*

Veja outros exemplos de adjetivos bem-vindos. Eles particularizam o objeto. Dão validade à informação:

◀️) *Comprei uma mesa **redonda**.*
*Gostamos de paredes **brancas**.*
*João Marcelo tem cabelos **loiros**.*
*Dois atletas **canadenses** se destacaram nos Jogos Pan-Americanos.*

Por que redonda, brancas, loiro e canadenses mereceram banda de música e tapete vermelho? Porque prestam um senhor serviço à frase. Tornam o nome mais particular. Eu não comprei qualquer mesa, mas a mesa redonda. Não é de qualquer cor de parede que nós gostamos, mas da branca.

40

O cabelo do João Marcelo poderia ser preto, castanho, ruivo, vermelho, verde. O adjetivo *loiro* manda as especulações plantar batata no asfalto. Os atletas poderiam ser brasileiros, cubanos, chilenos ou argentinos. *Canadenses* elimina as demais possibilidades.

Há adjetivos que causam urticária ao substantivo. São os adjetivos-ônibus. Vazios, não acrescentam nenhuma informação ao substantivo. Ao contrário. Exprimem a opinião de quem escreve. São tão genéricos que podem se juntar a qualquer substantivo.

É o caso de *maravilhoso*. João pode ser maravilhoso. A casa pode ser maravilhosa. O clima pode ser maravilhoso. A noite pode ser maravilhosa. Tudo pode ser maravilhoso.

Conclusão: maravilhoso não informa nada.

Mais exemplos de indesejados: Pessoa *formidável*, lição *fantástica*, vestido *bonito*.

Os adjetivos nada informam sobre o objeto. O que é clima maravilhoso? Quente? Chuvoso? Nublado? Depende do gosto do freguês. E pessoa formidável? E lição fantástica? Vestido bonito? Sei lá.

Certos adjetivos associados a determinados substantivos formam chavões pela insistência do uso. Mas é fácil romper o casamento. Alguns exemplos:

> *Calorosa recepção, caloroso abraço* (recepção, abraço)
> *Fortuna incalculável* (valor aproximado?)
> *Inflação galopante* (índice?)
> *Monstruoso congestionamento* (quantos quilômetros?)

Perda irreparável (perda)
Prejuízos incalculáveis (valor aproximado?)
Sonora vaia (vaia)
Vitória esmagadora (diga o número de votos ou a percentagem)

> Com os adjetivos, seja econômico como os mineiros. Moradores das Alterosas dão o seguinte conselho aos filhos:
>
> – Não saia. Se sair, não gaste. Se gastar, não pague. Se pagar, pague só a sua.
>
> Vale a adaptação:
>
> – Não use adjetivo. Se usar, use só os que particularizam o substantivo.

É isso. Escreva com a convicção de que no idioma só existem substantivos e verbos. As demais classes de palavras devem ser usadas com o cuidado do ourives e o pão-durismo do Tio Patinhas.

Persiga a frase enxuta

A era das belas frases acabou.
Theodor Fontane

A língua se parece com as pessoas. É vaidosa que só. Adora ser enxutinha e ter tudo no lugar. Gordurinhas aqui e ali? Nem pensar. Bisturi nelas. O cirurgião plástico manda os excessos bater em retirada.

Artigos indefinidos, pronomes possessivos, demonstrativos e indefinidos são alguns bicões que engrossam a fila dos candidatos à faca. Vamos a eles:

a) Artigos indefinidos

Um, uma, uns, umas devem ser usados com muito cuidado. Sabe por quê? Eles são inimigos do substantivo. Tiram-lhe a força. Tornam-no vago, impreciso, desmaiado.

Ora, como as palavras mais importantes do texto são o substantivo e o verbo, não se pode maltratá-las. Manda o bom senso eliminar o inimigo. Fora, artigo indefinido!

> *O Ministério da Justiça aguarda (uma) verba suplementar para saldar a dívida.*
> *Na avaliação do governo, a greve contra a reforma da Previdência não terá fôlego para prosseguir por (um) longo período.*
> *O produtor cultural deu (uma) entrevista agressiva à revista* Time.
> *A vereadora queria implantar (um) novo capitalismo no Brasil.*
> *Haverá (uma) renovação de 60% no Congresso.*

É isso. As palavras, como os remédios, podem matar. O artigo indefinido é medicamento de tarja preta. Causa dependência. Erva daninha, em 99% das frases é gordura pura. Corte-o. Mas não pare nele. Há outros inimigos a serem eliminados sem piedade.

43

b) Pronome possessivo

Georges Simenon escrevia romances policiais pra lá de bons. O segredo: "Livro-me dos vocábulos que estão na frase só para enfeitar ou atrapalhar". Um deles são os pronomes *seu, sua*. Eles parecem inofensivos. Mas tornam o enunciado ambíguo. A história a seguir exemplifica o estrago:

O presidente do banco estava preocupado com um jovem diretor que, depois de ter trabalhado algum tempo junto dele sem parar nem para almoçar, começou a ausentar-se ao meio-dia. Desconfiado, o chefão chamou um detetive privado e lhe ordenou:

– Siga o diretor Duarte durante uma semana para ver se ele está fazendo algo errado.

O detetive, depois de cumprir o que lhe havia sido pedido, informou:

– O diretor Duarte sai normalmente ao meio-dia, pega o seu carro, vai à sua casa almoçar, namora a sua mulher, fuma um dos seus excelentes cubanos e regressa ao trabalho.

O presidente respirou aliviado e respondeu:

– Ah, bom, antes assim. Não há nada de mal nisso.

Incomodado, o detetive perguntou:

– Desculpe-me, senhor, mas posso tratá-lo por tu?

– Sim, claro.

– Então vou contar tudo de novo. O diretor Duarte sai normalmente ao meio-dia, pega o teu carro, vai à tua casa almoçar, namora a tua mulher, fuma um dos teus excelentes cubanos e volta ao trabalho.

Seu e *sua* referem-se a *ele* e a *você*. Daí a confusão. A mesma ambiguidade ocorre nesta passagem:

🔊 *O diretor de cinema José Padilha encontrou-se com a atriz Glória Pires no aeroporto do Rio de Janeiro. Durante o encontro, Padilha chegou a ensinar Glória a utilizar alguns recursos do seu celular.*

De que celular? Da atriz? Do diretor? Pode ser de uma ou de outro. O *seu* provocou a confusão. Sem ele, a frase ganha clareza:

🔊 *Durante o encontro, Padilha chegou a ensinar a atriz a utilizar alguns recursos do celular.*

Se quiser especificar de quem é o celular, os pronomes *dele* e *dela* resolvem:

🔊 *Durante o encontro, Padilha chegou a ensinar a atriz a utilizar alguns recursos do celular dele (ou dela).*

Há vezes em que o pronome perde a função e a utilidade. Livre-se dele!

🔊 *No acidente, quebrou a sua perna direita, fraturou os seus dedos da mão esquerda, arranhou o seu rosto.*

Antes das partes do corpo, o possessivo não tem vez. Sem ele, a frase respira aliviada:

🔊 *No acidente, quebrou a perna direita, fraturou os dedos da mão esquerda, arranhou o rosto.*

Mais exemplos de inutilidade? Ei-los:

🔊 *No (seu) pronunciamento, o presidente dos Estados Unidos apoiou Israel.*
Antes de sair, calçou os (seus) sapatos, vestiu a (sua) blusa e pôs os (seus) óculos.

c) Pronome demonstrativo

Pegue o jornal. Abra-o em qualquer página. Leia artigos, reportagens, editoriais. Lápis na mão, assinale os *aqueles*, *aquelas* e *aquilos* que aparecerem no caminho. A conclusão é inevitável. O artigo (o, a) e o demonstrativo (o, a) caíram em desuso. A turma os esqueceu. Em vez do discreto monossílabo, empanturra a frase com o trissílabo peso-pesado:

🔊 O técnico do time condena aqueles que o criticam.
O técnico do time condena os que o criticam.
O técnico do time condena quem o critica.

🔊 Aquilo que é escrito sem esforço é lido sem prazer.
O que é escrito sem esforço é lido sem prazer.

d) Pronome *todos*

Ser claro é obrigação de quem escreve. O artigo definido se presta à confusão de significados. Dobre a atenção quando for usá-lo. Ao dizer "os candidatos fazem campanha", englobam-se todos os candidatos. Se não são todos, o pequenino não tem vez: candidatos fazem campanha.

Para quem sabe ler, pingo é letra. Se o artigo engloba, o pronome *todos* sobra em muitas situações. Corte-o sem pena:

🔊 Vou ao teatro todas as terças-feiras.
Vou ao teatro às terças-feiras.

🔊 Todos os alunos que saíram perderam a explicação.
Os alunos que saíram perderam a explicação.

Conclusão: o texto é louquinho por lipoaspiração. Ao escrever, leia a obra com cuidado. Depois, passe o motorzinho nas gorduras. Mande-as arder no mármore do inferno.

Seja conciso

Escrever é cortar.
Marques Rebelo

Cultivar a economia verbal sem prejuízo da completa e eficaz expressão do pensamento tem dupla vantagem. Uma: respeita a paciência do leitor. A outra: poupa tempo e espaço (bens pra lá de escassos no jornal, rádio e TV). Conciso não significa lacônico, mas denso. Opõe-se a vago, impreciso, verborrágico. No estilo denso, cada palavra, cada frase, cada parágrafo devem estar impregnados de sentido.

Eis algumas sugestões que contribuem para a concisão:

A arte de escrever bem

 Dispense, nas datas, os substantivos dia, mês e ano: em 20 de janeiro (não no dia 20 de janeiro); em dezembro (não no mês de dezembro); em 1995 (não no ano de 1995).

Substitua a locução adjetiva por adjetivo: *material de guerra* (material bélico); *pessoa sem discrição* (pessoa indiscreta); *criança sem educação* (criança mal-educada).

 Como já dissemos, troque a oração adjetiva por nome: *pessoa que se alimenta de verduras e legumes* (vegetariana); *homem que planta arroz* (arrozicultor); *criança que não sabe ler nem escrever* (criança analfabeta).

 Corte *que é, que foi, que era* & cia.:
A maior parte da população de Washington, que é a capital dos Estados Unidos, tem origem negra.
A maior parte da população de Washington, a capital dos Estados Unidos, tem origem negra.
Juscelino Kubitschek, que foi presidente do Brasil de 1956 a 1960, construiu Brasília, que é a capital do país.
Juscelino Kubitschek, presidente do Brasil de 1956 a 1960, construiu Brasília, a capital do país.

 Reduza orações:
Agora que expliquei o título, passo a escrever o livro.
Explicado o título, passo a escrever o livro.
Depois de redigir o texto, pensarei na legenda.
Redigido o texto, pensarei na legenda.

O texto jornalístico

 Elimine palavras ou expressões desnecessárias: *decisão tomada no âmbito da diretoria* (decisão da diretoria); *trabalho de natureza temporária* (trabalho temporário); *problema de ordem emocional* (problema emocional); *curso em nível de pós-graduação* (curso de pós-graduação); *lei de alcance federal* (lei federal); *doença de característica sexual* (doença sexual); *casos de ocorrência* (ocorrências); *casos de atraso* (atrasos).

 Substitua a locução verbo + substantivo pelo verbo: *Fazer uma viagem* (viajar). *Fazer música* (compor). *Pôr as ideias em ordem* (ordenar as ideias). *Pôr moedas em circulação* (emitir moedas).

Quer exercitar-se? Então divirta-se com esta. É a LUT. As três letrinhas são as iniciais de *Lição de Um Tema*. Trata-se de grande desafio. Os profissionais da empresa devem ser capazes de explicar qualquer tarefa em um minuto. Não há discriminação. Todo assunto pode ser descrito em uma folha de papel. Entre texto e imagem, o recado deve ser dado em 60 segundos.

Os temas variam. Vão da instrução de como tirar papel embolado da impressora à técnica de manusear um equipamento. Passam pelas formas de preencher um formulário, redigir uma carta ou configurar um software. E chegam à apresentação de relatórios e reportagens.

A tarefa exige poder de síntese, muuuito treino e enorme pão-durismo. É como escrever um telegrama. A gente paga por palavra. Como o bolso é a parte mais sensível do corpo, a regra número 1 é cultivar a economia verbal. Prepare a tesoura.

A arte de escrever bem

Eis o texto:

🔊 *Como todo mundo sabe, o estudante sempre deve tentar escrever suas redações diárias com substantivos fortes e verbos precisos.*

Se todo mundo sabe, não precisa dizer. Sem dizer, o texto fica assim:

🔊 *O estudante sempre deve tentar escrever suas redações diárias com substantivos fortes e verbos precisos.*

Os psicólogos são claros. Quem tenta não faz. Para ser afirmativo, deixe o verbinho pra lá. Cassado o murista, eis o resultado:

🔊 *O estudante sempre deve escrever suas redações diárias com substantivos fortes e verbos precisos.*

Seguindo o conselho de Simenon, adjetivos e advérbios vão pras cucuias:

🔊 *O estudante deve escrever suas redações com substantivos e verbos.*

Dá pra economizar mais uns trocados? Dá. Dizendo a frase de outra forma, ganha-se um chopinho:

🔊 *Estudante, escreva redações com substantivos e verbos.*

É isso. Prolixo designa verbosidade. Pronuncia-se *prolikso*. Aqui, é pro lixo mesmo.

O texto jornalistico

Corra atrás
da frase harmoniosa

Uma palavra posta fora do lugar estraga o pensamento mais bonito.

Voltaire

Não basta ser correto. O enunciado tem de agradar aos ouvidos. Um dos segredos está na combinação de palavras e frases. Umas devem conversar com as outras sem tropeços, ecos ou repetições. O resultado precisa soar bem. Descer redondo. É a harmonia.

 A harmonia não cai do céu nem salta do inferno. Há truques que permitem chegar a ela. Um deles: evitar as frases mancas. A oração tem sujeito, objeto, adjuntos e toda a parafernália que você conhece. A colocação deles é a chave do estilo harmonioso. Eis a receita: o termo mais curto – com menor número de sílabas – deve vir na frente do mais longo.

Leia este período em voz alta:

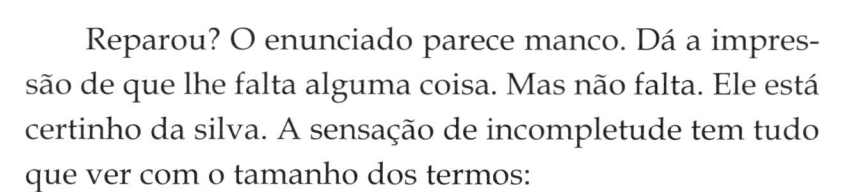 _No sábado, fui ao shopping. Depois de borboletear de loja em loja, entrei na livraria. Lá, comprei vários livros de geografia e história do Brasil e um_ CD.

Reparou? O enunciado parece manco. Dá a impressão de que lhe falta alguma coisa. Mas não falta. Ele está certinho da silva. A sensação de incompletude tem tudo que ver com o tamanho dos termos:

51

A arte de escrever bem

🔊 *Na livraria, comprei duas coisas. Uma: um* CD. *A outra: livros de geografia e história do Brasil.*

Na lei da harmonia, o curto vem na frente. No exemplo, vem atrás.

Compare:

🔊 *No sábado, fui ao shopping. Depois de borboletear de loja em loja, entrei na livraria. Lá, comprei um* CD *e vários livros de geografia e história do Brasil.*

Leia outro período em voz alta:

🔊 *O Congresso Nacional votará na próxima semana em regime de urgência urgentíssima o projeto.*

Manco, não? Compare-o com este:

🔊 *O Congresso Nacional votará o projeto na próxima semana em regime de urgência urgentíssima.*

O texto jornalístico

Outro truque da harmonia é o mistério do três. Três é o número da Santíssima Trindade. Três são os lados do triângulo. Três são os poderes da República. Três é também técnica de estilo. Por alguma razão que nem Deus explica, o grupo de três itens exerce impressão poderosa sobre a mente. A ele ninguém resiste.

"Cheguei, vi e venci", gabou-se Júlio César. Abraham Lincoln seguiu a regra: "Governo do povo, pelo povo, para o povo". Por isso, Montaigne não deixou por menos: "O estilo", disse ele, "deve ter três virtudes: clareza, clareza, clareza".

Ao escrever, pense na mágica do três. Imagine três itens para agrupar. Não importa o assunto. Você vai descrever Brasília? A capital de JK é uma cidade planejada, moderna e com alto poder aquisitivo.

A harmonia abomina os ecos. A rima, qualidade da poesia, constitui defeito da prosa. Releia seus textos, de preferência em voz alta, para verificar se ocorre repetição de sons iguais ou semelhantes:

 Houve muita confusão e provocação na reunião de representantes do Ceará e do Maranhão.

Cruz-credo! Com tantos ãos, dá pra fazer uma feijoada. Sem eco, a frase fica assim, pra lá de agradável:

Houve muita provocação e tumulto no encontro de representantes de Fortaleza e São Luís.

53

A arte de escrever bem

Outro exemplo:

🔊 *O Plano Real acabou com a inflação mortal.*

O ouvido da gente não é lixeira. Vamos ao troca-troca:

🔊 *O Plano Real acabou com a inflação que mata a economia do trabalhador.*

Mais um:

🔊 *O rigor do calor de Salvador lhe causava mais pavor.*

Pra fora, eco!

🔊 *O forte calor da capital baiana lhe causava pânico.*

O último:

🔊 *O crescimento sem desenvolvimento pode implicar incremento do subdesenvolvimento.*

Xô, coisa feia:

🔊 *Crescer sem preocupação com o desenvolvimento pode implicar mais atraso.*

📌 Cuidado com as cacofonias. Às vezes, a última sílaba de uma palavra se junta à primeira de outra e forma novo vocábulo, soando mal aos ouvidos do leitor atento ou desavisado: *por cada; uma mão; por razões, boca dela, por tal, por tais, por tão.*

54

"O que é escrito sem esforço é lido sem prazer", dizia Samuel Johnson. O escritor inglês se referia sobretudo às repetições. O texto se parece à comida. Comer o mesmo prato todos os dias em todas as refeições é enjoativo. Há que variar os ingredientes e o preparo para manter o apetite.

Existem repetições e repetições. Algumas se restringem à palavra. Outras, à estrutura. Ambas – se não forem propositais – causam um senhor estrago ao texto. Tornam-no monótono. Como sonífero, dão um sono...

Variedade opõe-se a monotonia. Substantivos, verbos, conjunções, preposições, pronomes, aumentativos, diminutivos, superlativos escritos mais de uma vez no parágrafo (às vezes no texto) exigem providências. Uma delas: cortar vocábulos. Outra: usar sinônimos. Mais uma: mudar a frase.

A propósito, ainda vale o alerta do jornalista Eduardo Martins, mestre de várias gerações de redatores e autor do *Manual de redação e estilo* do jornal *O Estado de S. Paulo*, morto em 2008: "Não transforme em preocupação obsessiva o receio de repetir palavras. Se você já usou *hospital* e *estabelecimento*, por exemplo, recorra novamente a um deles, caso o texto exija, nunca *nosocômio*".

Mais: cuidado com as repetições sofisticadas. Não inicie frases e parágrafos com estruturas iguais. Incluem-se aí os artigos, flexionados ou não.

Veja exemplos:

A escola pública deve, sem dúvida, ser laica. A integração secular é um valor a perseguir. As metas não podem, porém, ser buscadas com o

A arte de escrever bem

sacrifício da mais elementar das liberdades individuais – a de possuir uma individualidade e exprimi-la de forma pacífica.

Fica *a sensação de que islamismo é sinônimo de extremismo e deve, portanto, ser extirpado.* **Subjaz** *aí uma visão problemática de democracia, na qual a tolerância e o respeito à diversidade se tornam valores menos importantes.* **Existe** *até o risco de a proposta produzir efeitos inversos aos desejados.* **Privar** *muçulmanos de demonstrar sua identidade cultural nos espaços públicos pode levá-los a buscá-la em grupos que atuem à sombra do Estado, com maiores chances de pregações radicais.*

Um tema de grande relevância para a Embrapa e para a sociedade trata da quantidade de novos tipos de plantas lançadas pela empresa. **Esse** *número passou de 55, em 2002, para 85, em 2003.* **Essas** *plantas, fruto de anos de pesquisa, são valorizadas por características como: maior produtividade, adaptação a condições específicas de clima e solo, resistência a doenças e pragas.*

Compare-os com parágrafos sem monotonia:

A polêmica está instalada. **Tudo** *indica que a França poderá acatar a recomendação de uma comissão governamental de banir os símbolos religiosos nas escolas públicas.* **Embora** *abarque ícones de todas as religiões, a medida foi* *concebida para evitar que garotas muçulmanas utilizem o véu. (Folha de S.Paulo)*

 Esta *é uma história curiosa, mas excepcional no Brasil.* **Aqui**, *no caso dos imigrantes, o choque cultural foi historicamente muito menor, o que não quer dizer que não tenham existido grupos estrangeiros dispostos a garantir sua autonomia no meio brasileiro, nem violências governamentais contra eles.* **Basta** *lembrar o caso das colônias alemãs no sul do país durante a década de 30, e as medidas tomadas contra os súditos do eixo, no curso da Segunda Guerra Mundial. (Boris Fausto)*

 A China é tão boa assim para o Brasil? **Então** *por que Lula não toma coragem e assina um acordo de livre-comércio entre os dois países?* **Poderíamos** *vender ainda mais soja para lá.* **A** *soja brasileira é empregada pelos chineses sobretudo como ração para porcos e frangos.* **Em** *matéria de ração para porcos e frangos, não tememos a competição de ninguém. (Diogo Mainardi)*

A intercalação de frases longas e curtas afasta a soneira:

 Na semana passada, em companhia dos ministros, governadores, parlamentares e empresários que compunham a comitiva do presidente à China, lá estava ela, de novo Isaura, em pessoa. Ou melhor, Lucélia Santos. Talvez ela não cause

mais nas ruas, depois de tantas visitas ao país, o mesmo tumulto que provocava vinte anos atrás. Mas o mito continua vivo a ponto de justificar nova empreitada no ramo da teledramaturgia, uma série com uma história de amor entre uma brasileira e um chinês. A série será filmada no Brasil e na China, e à Lucélia, claro, caberá o papel principal. Ela continua a namoradinha da China. (Roberto Pompeu de Toledo)

A harmonia suplica: varie a estrutura de cada parágrafo do texto. Não inicie todos eles com a mesma classe gramatical. Vale o exemplo de trecho de reportagem especial do *Estadão* sobre a Amazônia publicada em 2017:

Ticunas vivem num lixão da tríplice fronteira

Sem opções de renda, índios catam latinhas e comem restos de alimentos da cidade de Tabatinga

É começo de tarde em Tabatinga, principal cidade do Alto Solimões, no Amazonas, fronteira com a Colômbia e o Peru. Nessas margens de rios e igarapés, mora boa parte dos índios da etnia ticuna, a maior do Brasil. São 46 mil pessoas que se espalham pelas cidades brasileiras e por margens de rios dos países vizinhos. A proximidade das aldeias com o centro urbano de Tabatinga praticamente transformou as terras desses índios em bairros periféricos.

Não há, porém, integração dos ticunas com o mercado de trabalho. A situação não é mais fácil para ribeirinhos e brancos pobres. Em 2002, a cidade tinha 22 mil moradores. Hoje, o Exército continua sendo o maior empregador do município, com cerca de mil militares, seguido de outros órgãos públicos. Não houve expansão de lavouras nem chegada de investimentos produtivos. A cidade, porém, tem agora 60 mil habitantes.

O IDH de Tabatinga é de 0.616, o mais alto da região do Alto Solimões. Esse índice tem por base a expectativa ao nascer, o acesso ao conhecimento e o padrão de vida. A média dos municípios do Alto Solimões é de 0.533, considerada baixa pelas Nações Unidas. Para efeito de comparação, trata-se de um índice inferior ao de favelas do Rio de Janeiro, como o Complexo da Maré (0.686) e o Morro Dona Marta (0.684).

A agricultura de Tabatinga não supre a demanda dos restaurantes e mercearias. As hortaliças e verduras vêm do lado peruano. A comerciante e pequena produtora rural Dira da Silva Silfuentes, de 46 anos, sugere à equipe de reportagem uma visita ao bairro Santa Rosa, onde produz hortigranjeiros. Ela diz que a comunidade sofre com um lixão aberto pela própria prefeitura. No dia seguinte, fomos ao local, a dez quilômetros do centro de Tabatinga.

Marcelo Ticuna, de 9 anos, disputa com índios adultos os melhores lixos e latinhas de alumínio despejados em Santa Rosa por comerciantes e funcionários da prefeitura. O corpo franzino desaparece entre as revoadas de urubus e as curvas da montanha de dejetos, móveis velhos, ferros, plásticos e material em decomposição.

A mãe, Rosa, também trabalha no lixão. Com problemas de pressão, ela, porém, recolhe-se de tempo em tempo numa barraca improvisada de lona. Ali, também dá atenção a três outros filhos menores. A família mora em Letícia, no lado colombiano. Chega às 8 da manhã no lixão e trabalha nele até as 17 horas.

Busque a clareza

O estilo deve ter três virtudes:
clareza, clareza, clareza.
Montaigne

Escrever é verbo transitivo direto. O repórter escreve para o leitor. Quer que ele o entenda sem ambiguidades. Como diz Íñigo Dominguez, "uma frase jornalística tem de estar construída de tal forma que não só se entenda bem, mas que não se possa entender de outra forma". Há jeitos de chegar lá.

📌 Aproxime termos e orações que se relacionem pelo sentido. A liberdade de colocação de termos na frase e orações no período encontra limites nas exigências da clareza e da coerência. A boa norma manda "amarrar" cada termo determinante ao respectivo termo determinado.

🔊 *Haverá um seminário internacional sobre dengue na Câmara dos Deputados.*

O seminário se realizará na Câmara, mas a colocação do adjunto adverbial "na Câmara dos Deputados" junto do termo "dengue" leva a outra leitura: o seminário tratará da ocorrência de dengue na Câmara dos Deputados. Evita-se a ambiguidade aproximando o adjunto adverbial do termo a que se refere:

🔊 *Na Câmara dos Deputados, haverá um seminário internacional sobre dengue.*

🔊 *Haverá, na Câmara dos Deputados, um seminário internacional sobre dengue.*

📌 Faça declarações claras. Dificultar a compreensão do texto é pôr uma pedra no caminho do leitor. Para que obrigá-lo a gastar tempo e energia na transposição do obstáculo? Facilite-lhe a passagem. Nas declarações longas, não o deixe ansioso. Identifique o autor sem demora – antes da citação ou depois da primeira frase:

A arte de escrever bem

🔊 *Veuillot ensina: "É preciso escrever com a convicção de que só há duas palavras no idioma: o substantivo e o verbo. Ponhamo-nos em guarda contra as outras palavras".*

🔊 *"É preciso", ensina Veuillot, "escrever com a convicção de que só existem duas palavras no idioma: o substantivo e o verbo. Ponhamo-nos em guarda contra as outras palavras."*

Nas declarações curtas, a identificação do autor deve ser feita no começo ou no fim da fala:

🔊 *"Toda questão tem dois lados", escreveu Pitágoras.*

🔊 *Pitágoras escreveu: "Toda questão tem dois lados".*

📌 Olho no verbo declarativo. Ele é tão importante que, em caso de troca, pode mudar a informação. Compare:

🔊 *Eu te amo, disse o amante.*
Eu te amo, sussurrou o amante.
Eu te amo, confessou o amante.
Eu te amo, gritou o amante.
Eu te amo, mentiu o amante.

O verbo declarativo tem uma função: indica o interlocutor que está com a palavra. *Dizer* – neutro, simples e direto –, costuma ser escolha acertada na maioria dos casos. Mas abusar dele, como de qualquer outra palavra, torna o texto frio e monótono.

Generosa, a língua oferece pelo menos nove áreas semânticas de verbos que se prestam a mostrar quem disse o quê. São elas:

- de dizer: *afirmar, declarar*
- de perguntar: *indagar, interrogar*
- de responder: *retrucar, replicar*
- de contestar: *negar, objetar*
- de concordar: *assentir, anuir*
- de exclamar: *gritar, bradar*
- de pedir: *solicitar, rogar*
- de exortar: *animar, aconselhar*
- de ordenar: *mandar, determinar*

Esses são os mais comuns, de sentido geral. Existem outros, muito explorados pela literatura. Além de indicar o falante, traduzem emoção e sentidos conotativos. É o caso de *alertar, sussurrar, murmurar, balbuciar, estranhar, comentar, apelar, arriscar, consentir, aprovar, intervir, mentir, jurar, rosnar, berrar, propor, sugerir.*

Atenção ao queísmo. Há verbos alérgicos ao quê. É o caso de *alertar* (alerta-se alguém, mas não se alerta que); *sussurrar* (sussurra-se alguma coisa, mas não se sussurra que), *apelar* (apela-se para alguém ou alguma coisa, mas não se apela que), *definir* (define-se alguma coisa, mas não se define que), *indicar* (indica-se alguma coisa ou alguém, mas não se indica que).

 Na dúvida, consulte o dicionário de regência. Indiscreto, ele revela os segredos do verbo.

A arte de escrever bem

Teste a legibilidade do texto

Se lemos algo com dificuldade, o autor fracassou.
Jorge Luis Borges

Em grego, é *hedone*. Em português, hedonismo. Numa e noutra língua, o significado se mantém. É prazer. A sensação gostosa virou doutrina da filosofia. Segundo ela, o prazer deve ser considerado o objetivo principal dos atos humanos.

Alguns concordam. Outros não. Mas uma coisa é certa. Ninguém gosta de sofrer. A regra vale para a leitura. Texto difícil não tem vez. E não é de hoje. Montaigne, no século XVI, disse com todas as letras: "Ao encontrar um trecho difícil, deixo o livro de lado". Por quê? "A leitura é forma de felicidade", respondeu ele.

A observação não se restringe a livros. Engloba jornais, revistas, cartas comerciais, redações escolares, receitas de comida gostosa. Sem fisgar o leitor, adeus, emprego! Adeus, nota boa! Adeus, sobremesa dos deuses! Por isso, roguemos ao Senhor. Que Ele ilumine mentes, penas e teclados. E cada um faça a sua parte.

Como avaliar o índice de dificuldade do escrito? O assunto começou a preocupar os americanos há uns 60 anos. Pesquisas sobre a leitura do texto jornalístico despertaram o interesse de professores e alunos de várias universidades. Um dos resultados dos estudos foi o teste de legibilidade. Alberto Dines, então do *Jornal do Brasil*, adaptou-o para o português.

64

O texto jornalístico

Eis a receita:

1. Conte as palavras do parágrafo.
2. Conte as frases (cada frase termina por ponto).
3. Divida o número de palavras pelo número de frases. Assim, você terá a média da palavra/frase do texto.
4. Some a média da palavra/frase do texto com o número de polissílabos.
5. Multiplique o resultado por 0,4 (média de letras da palavra na frase de língua portuguesa).
6. O produto da multiplicação é o índice de legibilidade.

Possíveis resultados:

1 a 7: história em quadrinhos
8 a 10: excepcional
11 a 15: ótimo
16 a 19: pequena dificuldade
20 a 30: muito difícil
31 a 40: linguagem técnica
Acima de 41: nebulosidade

Testemos o parágrafo a seguir:

"Em boca fechada não entra mosca", diz a vovó repressora. "Quem não erra perde a chance de acertar", responde o neto sabido. Ele aprendeu que, nas organizações modernas, a competição

é o primeiro mandamento. E, cada vez mais, impõe-se a necessidade de falar em público. Muitos servidores, porém, concordam com a vovó. Estremecem só de imaginar a hipótese de abrir a boca diante de uma plateia. Dizem que não nasceram para os refletores. Falta-lhes vocação. A ciência prova o contrário. Falar bem não é dom divino. Falar bem – como nadar bem, escrever bem, saltar bem – é habilidade. Exige treino.

Confira:

1. Palavras do parágrafo: 101
2. Número de frases: 12
3. Média da palavra-frase (101 dividido por 12): 8,41
4. 8,41 + 12 (número de polissílabos) = 20,41
5. 20,41 x 0,4 = 8,16
   Resultado: legibilidade excepcional

Agora, avalie um texto seu. Pode ser uma carta, um artigo, uma reportagem. Antes de começar, lembre-se: aplique a receita de parágrafo em parágrafo. Se o resultado ficou acima de 15, abra o olho. Facilite a vida do leitor. Você tem dois caminhos. Um: diminua o tamanho das frases. O outro: mande algumas proparoxítonas dar umas voltinhas por aí. O melhor: abuse de ambos.

Gêneros jornalísticos

Há quem fale do prazer da escrita.
Confesso que não tenho nenhum prazer.
Para mim escrever é trabalho.

José Saramago

Poetas escrevem sonetos, haicais, redondilhas. Prosadores criam novelas, romances, contos. Na escrita, o conteúdo subordina-se à forma. O jornalismo não foge à regra. Existem estruturas consagradas para jornais, revistas, rádio, TV e internet. Longas reportagens e pequenas notas exigem estilos diferentes. As primeiras dão passagem a textos mais elaborados. As segundas, ao contrário, costumam ser diretas. Embora se originem do mesmo material bruto – a apuração do repórter –, são distintas na apresentação. Cada uma tem lá as próprias especificidades.

Conhecer de antemão o gênero que se vai produzir é meio caminho para escrever bem. Funciona como forma de bolo onde as informações assam e crescem. Pode pa-

A arte de escrever bem

recer cruel para os corações dos que sonham com a independência da escrita, mas é real no mundo das redações. Os veículos impõem limitações e obrigações. Nas edições impressas, há restrições de tempo para o fechamento de uma reportagem e de tamanho para o texto. Já versões online, embora tenham todo o espaço do mundo, trabalham com o imperativo da urgência e da pressa. Apurou uma notícia? Posta já! Pode ser uma linha só.

Há formas e formas de apresentação de textos, qualquer que seja o veículo. A forma define o tom do conteúdo. Perfis abrem espaço para linguagem casual e intimista. Reportagens sobre descobrimentos científicos exigem precisão e sobriedade. Artigo requer argumento para a defesa de um ponto de vista. Cobertura ao vivo pela internet exige frases curtas e objetivas. Enfim, cada gênero pede um jeitinho de produção. Quer ver?

A força da notícia

Quando um cachorro morde uma pessoa, isso não é notícia.
Quando uma pessoa morde um cachorro, isso é notícia.
Charles A. Dana

Afinal, o que é notícia? Reúna mais de um jornalista para discutir o assunto e perceberá que não existe resposta consensual para a pergunta. Mas todos concordam que notícia é fato importante e inusitado. A avaliação sobre a importância esbarra na subjetividade dos editores. Não há como negar que, apesar da tão propalada objetividade da imprensa, a seleção e publicação das matérias seguem os critérios definidos pelos mandachuvas.

Alguns teóricos fazem distinção entre notícia e reportagem. Notícia, para eles, é o fato que se esgota em si mesmo. Em geral, aparece em forma de pirâmide invertida porque a preocupação do repórter é reproduzir com fidelidade um acontecimento. Reportagem, ao contrário, apresenta várias faces do mesmo assunto. O texto abre espaço à criatividade do autor.

Aqui, não se faz diferença entre notícia e reportagem. Reportagem sempre é notícia. O que varia é o tipo de reportagem – factual, especial ou em série. São formas diferentes de apresentar um fato.

Reportagem factual

O nome diz tudo – são textos que relatam um fato. Estão lá pormenores da notícia, declarações de entrevistados, dados estatísticos. Em essência, constituem trabalho descritivo. A maior parte do material publicado pelos jornais diários aparece nesse formato. Refere-se a acontecimentos do dia anterior ou a eventos prestes a vir à luz.

Analise estes textos:

> *Terremoto na Bolívia tem reflexo em SP*
> *Um tremor de terra na Bolívia, na manhã de ontem, foi sentido em estados do Sudeste, Sul e Centro Oeste do Brasil – São Paulo, Minas Gerais, Rio Grande do Sul, Paraná e Santa Catarina, além do Distrito Federal. Em São Paulo,*

levou prédios na Avenida Paulista a acionar procedimentos de evacuação. Apesar do susto, não houve danos ou feridos.

O fenômeno aconteceu por volta das 9h40, horário local na cidade de Carandayti, no sul da Bolívia, e atingiu 6,8 pontos na escala Richter (que vai até 9), segundo o Centro de Sismologia da Universidade de São Paulo (USP). Especialistas explicaram que a profundidade do tremor, a 557 quilômetros abaixo da superfície, é um ponto-chave para entender a grande distância percorrida até ser sentida em solo brasileiro, a mais de 1,5 mil quilômetros do epicentro. (O Estado de S. Paulo, 4 de março de 2018)

 PM *vai dividir manifestantes e isolar Supremo A Secretaria de Segurança Pública do Distrito Federal decidiu bloquear amanhã o acesso ao Supremo Tribunal Federal e dividir a Esplanada dos Ministérios entre manifestantes contra e a favor do ex-presidente Luiz Inácio Lula da Silva. Apenas o gramado e as pistas da Esplanada ficarão livres para as passeatas. Haverá uma divisão dos grupos por grades vazadas, com um cordão de policiais militares entre elas. O isolamento abrange toda a praça dos Três Poderes, onde fica o* STF, *o Palácio do Planalto e o Congresso Nacional* [...] (*O Estado de S. Paulo,* 3 de abril de 2018)

Ambos os exemplos seguem o modelo factual de reportagem. Descrevem um fato em detalhes. O primeiro trata de acontecimento do dia anterior. O segundo, de evento futuro. Os dois respondem, logo na abertura, às seis perguntas essenciais do texto jornalístico. Seguem a estrutura de pirâmide invertida, em que as informações mais importantes aparecem primeiro.

Na matéria sobre o terremoto na Bolívia, o repórter explica logo no primeiro parágrafo que não houve danos ou feridos. O resultado da notícia está no *lead*. A matéria seguinte, sobre manifestações em Brasília, também se preocupou em destacar o assunto mais importante a ser debatido – a decisão policial de isolar o STF. Ambos os exemplos detalham, ao longo da reportagem, o conteúdo do *lead*.

Veja, agora, este exemplo:

Mais emprego para executivos após os 50
Ivana Gomes, Antonio Carlos Dias Camargo e Felix Gianfelicci atuam em áreas bem diferentes. Mas eles têm alguns pontos comuns em suas trajetórias profissionais. São especialistas no que fazem, têm um currículo cheio de realizações, falam diversas línguas, estavam bem empregados e foram recentemente contratados por outras empresas com salários compatíveis ou superiores ao que recebiam. Detalhe: eles têm mais de 50 anos de idade.
Em um primeiro momento, parecem exceções em um mundo em que os talentos grisalhos, em geral, são preteridos nas vagas de emprego formal. Um levantamento feito pela empresa

de recrutamento Exec indica que algo começa a mudar, embora ainda se trate de uma minoria. Em seu banco de dados, que reúne mais de 10 mil profissionais selecionados para cargos executivos desde 2015, 38% estavam acima da faixa dos 50 anos. No ano passado, eles representaram 15% dos escolhidos nas listas finais dos processos de seleção, percentual que em 2015 não passava de 8%. (Valor Econômico, 16 de abril de 2018).

Viu? O repórter recorreu à apresentação de três personagens (*Ivana Gomes, Antonio Carlos Dias Camargo e Felix Gianfelicci*) para resumir a reportagem. Em vez de apresentar os números frios sobre emprego após os 50 anos de idade, o jornalista preferiu humanizar a reportagem, dando nome e cara aos resultados da pesquisa. Criativo, o texto respondeu às seis perguntas fundamentais de uma reportagem sem apoiar-se no padrão clássico de *lead*.

Conclusão: reportagens factuais também podem ser interessantes.

A suíte

Coberturas do dia a dia, as reportagens factuais dependem do desenrolar dos acontecimentos. As investigações sobre um crime que chamou a atenção da sociedade, por exemplo, podem demorar semanas para ser concluídas. Os jornais costumam acompanhar os detalhes do trabalho policial, publicando matérias diárias sobre assunto. Aí entra em cena figurinha carimbada nas redações – a suíte, nome das matérias que são sequências de outras. Elas trazem as consequências da primeira, desdobramentos, descobertas, repercussão pública. Esse tipo específico de reportagem dominou a cobertura da Operação Lava Jato, que investigou casos de corrupção nos meios políticos, e também de votações no Supremo Tribunal Federal (STF) sobre pedidos de prisão e liberdade de envolvidos.

As suítes atualizam a notícia, mas também relembram o fato original. Muitas pessoas são leitoras esporádicas de jornais. Podem não estar familiarizadas com o novo escândalo da política ou com o último assassinato de gente famosa. O texto, portanto, precisa incluir informações do acontecimento-mãe.

Observe este exemplo:

A Polícia Civil prendeu ontem uma mulher de 29 anos investigada por suposto envolvimento na morte da policial militar Juliane dos Santos Duarte, de 27 anos. Juliane foi encontrada morta em agosto passado após desaparecer de um bar em Paraisópolis, Zona Sul de São Paulo. Segundo a Secretaria da Segurança Pública (SSP), a Justiça decretou prisão temporária da suspeita. É a terceira prisão referente ao caso.

A mulher presa é Eliane Cristina Oliveira Figueiredo. Ela já havia sido ouvida pela polícia, foi liberada e presa novamente. [...] Além dela, estão presos Felipe Oliveira da Silva, identificado ao deixar a motocicleta da vítima em uma praça na Zona Oeste, e Everaldo da Silva Félix, que tentou escapar ao se deparar com uma guarnição da PM *em Paraisópolis.*

As investigações preliminares indicam que a soldado Juliane foi torturada e morta por ser policial militar. Ela foi abordada em um bar e permaneceu desaparecida por vários dias até seu corpo ser localizado na mala de um veículo na Zona Sul da capital. (O Estado de S. Paulo, 10 de setembro de 2018)

O primeiro parágrafo dessa reportagem relata notícia do dia anterior – a prisão de uma mulher de 29 anos acusada de participação em um homicídio. Ao mesmo tempo, relembra a história do crime no qual é suspeita de envolvimento, fato que aconteceu um mês antes. A matéria trouxe o passado de volta para explicar ao leitor a importância dada à prisão da mulher. Os parágrafos seguintes seguem a mesma estrutura, entremeando fatos do dia anterior com detalhes do passado. Parabéns: o autor contextualizou a informação. Isso, sim, é suíte bem-feita.

Antes de começar, responda à pergunta: o que aconteceu? Essa é a informação mais importante, a notícia. É por ela que você deve abrir o texto. Encontrada a notícia, responda às demais perguntas – quem, como, quando, onde e por que, nessa ordem. Elas são o núcleo do *lead*.

- Use o recurso da pirâmide invertida, resumindo nas primeiras frases os acontecimentos centrais da história.
- Busque aberturas criativas, sem esquecer o caráter informativo da reportagem.
- Não encha linguiça. Você corre o risco de pôr o *lead* no pé. Em matéria factual, a demora em entrar no assunto afugenta o leitor nas primeiras linhas. Ele quer saber logo o que aconteceu.
- Nos parágrafos seguintes, conte os pormenores das informações dadas no começo. Inclua declarações das pessoas envolvidas.
- No final, mantenha alguma conexão com o início da matéria. É como fechar um círculo, com o leitor no epicentro da notícia outra vez.

Reportagem especial

Algumas notícias, pela importância, dimensão ou impacto, requerem tratamento especial. Costumam ser mais longas que as factuais e extrapolam os acontecimentos do dia anterior. Uma especial procura tratar com profundidade assunto específico, relevante e atemporal. Exige muita transpiração pelas horas consumidas na busca das melhores fontes, entrevistas e, não raro, o repórter tem de fazer viagens. E muito esforço na construção de texto capaz de apresentar as informações de tal forma que mantenha a atenção do leitor até o fim.

A especial pede redação elaborada, fora dos padrões utilizados nas coberturas do dia a dia. De preferência, com descrições minuciosas e boa dose de emoção. No caso, o modelito o que-quem-quando-onde-como-por que não tem vez. Pior: não há modelo pronto. Abre-se campo para talentos. Mas, como tudo em que o céu é o limite, apresenta riscos.

Erros gramaticais doem nos ouvidos, informações incompletas ganham dimensão de catástrofe e a falta de encadeamento lógico das ideias desanima o leitor. Boas reportagens especiais são resultado da conjunção de apuração rigorosa e texto bem cuidado. Uma depende do outro. O volume de informações pode levar o repórter a perder o fio condutor da história, atrapalhar-se em detalhes irrelevantes e deixar a notícia escapar pelos dedos.

A recíproca é verdadeira. Sem saber aonde chegar, o repórter perde tempo em apurações infrutíferas, ouve fontes erradas e até se excede nos personagens repetitivos. Ter claro o objetivo é o segredo para sair ileso do labirinto.

Veja esta matéria, publicada na edição de 14 de outubro de 2003 do *Correio Braziliense,* que trata de um dos casos mais emblemáticos do funcionamento da Justiça no Brasil:

 Quarta-feira da semana passada, 18h12. Sentados em uma das mesas do badalado Bar Bedrock, na comercial da 204 Norte, dois rapazes de 26 anos tomam cerveja e batem papo. Dois clientes como tantos outros que, ao fim do expediente, aprovei-

tam o final da tarde para curtir um happy hour, não fossem os nomes e os CPFs: Antonio Novely Cardoso de Vilanova e Max Rogério Alves. Dois dos quatro rapazes de classe média e alta condenados a 14 anos de prisão em regime integralmente fechado por terem incendiado vivo o índio pataxó Galdino Jesus dos Santos, em abril de 1997.

Os quatro rapazes receberam a sentença do Tribunal do Júri de Brasília em novembro de 2001. Meses depois, também por decisão da Justiça brasiliense, ganharam autorização para trabalhar e estudar fora das dependências do presídio da Papuda. Agraciados com um benefício raro entre presos condenados, os assassinos de Galdino acharam pouco. E se esbaldaram.

Nos dois primeiros parágrafos, a repórter Ana D'Ângelo apresentou a história – denúncia de que os assassinos do índio Galdino, crime que horrorizou o país na época, gozavam de tratamento privilegiado na prisão. "Quando se escreve uma reportagem especial, com muitas informações", ensina Ana, "não se pode perder a pauta de vista". No caso, o objetivo era mostrar os privilégios que os rapazes recebiam na prisão. O resto era acessório.

Ao longo do texto, dividido em várias retrancas, Ana descreveu de forma minuciosa a rotina de três dos assassinos do índio Galdino. Acompanhe este trecho:

🔊 *Na quarta-feira passada, Antonio Novely e Max Rogério chegaram ao Bar Bedrock dirigindo os próprios carros. Max estava em um Astra preto 1999, registrado em nome do padrasto. Novely guiava um Uno azul escuro, comprado em seu nome. Novely também foi flagrado na noite seguinte falando em um telefone celular enquanto dirigia. Outro condenado, Eron Chaves, foi visto guiando um Golf 2.0 GLX vermelho, de placa JIZ-1998 e ano 1998. Tomás de Oliveira tirou recentemente carteira para guiar moto.*

Max e Eron ficaram até às 19h30 no Bedrock, na 204 Norte. Beberam pelo menos quatro cervejas. Depois foram embora guiando os carros. Max deveria ir para a faculdade, cujas aulas começam às 19h. No mínimo, chegou atrasado.

Os quatro condenados pela morte do índio Galdino trabalham em órgãos públicos, em funções administrativas. Eron e Tomás despacham no prédio anexo do Ministério do Trabalho, na Esplanada dos Ministérios, na Coordenação de Documentação e Informação. Max está lotado na Companhia de Abastecimento de Água e Esgoto de Brasília (Caesb). A Antonio Novely foi oferecida uma vaga no Hospital Regional da Asa Norte (Hran), especializado no tratamento de vítimas de queimaduras.

A repórter fez um retrato sem adjetivos ou julgamentos, só apresentou fatos da realidade carcerária brasileira. "Quis mostrar que, no Brasil, ricos e pobres recebem tratamento diferenciado da Justiça", diz ela.

Reportagens investigativas, como a mencionada, são espécie de subdivisão das reportagens especiais. Esse tipo de trabalho exige apuração delicada e longa. Objetiva escancarar algo que alguém – em geral, do poder público – gostaria de manter em segredo. Enquadram-se nessa categoria, por exemplo, as reportagens sobre denúncias da Operação Lava Jato, considerada a maior ação contra a corrupção já realizada no Brasil. Concluída com êxito, a reportagem investigativa traz prestígio ao profissional, dá credibilidade aos veículos de comunicação e contribui para o aprimoramento da democracia.

Tão valorizadas quanto as reportagens investigativas são as de caráter humano, nas quais se descrevem os acontecimentos sob o prisma das pessoas que os viveram. Aí, a sensibilidade do autor substitui a frieza da apuração. A emoção sobrepõe-se aos dados. O jornalista não conta uma história. Os personagens o fazem. Em agosto de 1995, quando a explosão da primeira bomba atômica do mundo completou 50 anos, *Veja* publicou reportagem de 19 páginas assinada pelo jornalista Roberto Pompeu de Toledo chamada "Memórias dos filhos do clarão", relato pungente dos sobreviventes dos ataques a Hiroshima e Nagasaki sobre aqueles dias de inferno.

Vale a pena ler este trecho:

 Um flash de luz, um monumental flash, e depois um estrondo, eis, em resumo, o que é a explosão de uma bomba atômica. O jovem oficial militar Takashi Morita descera havia cinco minutos de um bonde, em Hiroshima, e caminhava pela

rua, naquela manhã, quando sentiu um calor nas costas. Foi jogado longe, acredita que a uns 10 metros, e perdeu o quepe. O que será que acontecera? O Exército mantinha ali perto uma fábrica de pólvora, e ele pensou: "A fábrica deve ter explodido". O menino Noboru Shigemichi, de 10 anos, estava na escola. O prédio desabou. Ele ficou soterrado entre os escombros e achou que ia morrer. Pensou: "Como é que um homem morre? Em que ordem acontecem as coisas?"

A senhora Fumiko Furuya, de 23 anos, estava sozinha em casa, deitada na cama, e de repente notou – coisa extraordinária – que o "shoji" de seu quarto, a divisória de papel que os japoneses usam para separar ambientes internos, estava pegando fogo. Pensou: "Preciso apagar esse fogo" e foi à cozinha apanhar um balde com água.

Os 50 anos de Hiroshima marcam também os 50 anos da era atômica no mundo. Esta nasce no momento mesmo em que explode sobre a cidade aquela bomba de formato cilíndrico, medindo três metros de comprimento por 70 centímetros de diâmetro, pesando quatro toneladas e apelidada de "Little Boy". Então temos que, na casa da senhora Fumiko, no momento zero da era atômica, uma pessoa tenta contornar o novo problema tendo como arma um balde d'água. Foi inútil. Quando ela voltou ao quarto, o shoji tinha virado cinza.

Enquanto Ana D'Ângelo optou por estrutura de texto clássica, Roberto Pompeu de Toledo seguiu caminho inverso, enveredando pela literatura. Assuntos diferentes requerem tratamentos diferentes. Assim são as especiais: especiais. Não têm modelo pronto, não seguem padrões linguísticos nem obedecem a regras de estilo.

Como escrever uma reportagem especial?

- Tenha sempre em mente o objetivo principal da matéria. Ele é o fio condutor da apresentação das informações.
- Planeje o texto, prevendo a divisão do conteúdo em retrancas. Cada uma deve abordar tema específico.
- Detenha-se na abertura. A apresentação da reportagem deve ser ampla o suficiente para fazer referência aos assuntos das demais retrancas.
- Capriche no *lead*. Ele deve ser um resumo da matéria, impactante e forte, para que o leitor não abandone o texto em seguida.
- Escolha uma forma de condução da narrativa. Você pode contar a história por meio de personagens. Ou seguir a ordem cronológica dos acontecimentos. Há ainda o artifício de começar pelo fim.
- Crie subtítulos para dividir os assuntos, introduzir novos temas e dar tempo para respirar.
- Defina o final antes de começar. Conclua com uma informação tão forte quanto a do início. O leitor ficará com a sensação de que valeu a pena ter lido todo o texto.

Declaração é notícia

Uma pergunta pode ser mais importante do que qualquer resposta.
Walcyr Carrasco

A entrevista pingue-pongue

O exemplo brasileiro mais famoso de entrevista pingue-pongue é o da revista *Veja*, chamado de "Amarelas" – referência à cor das páginas em que é publicada. À primeira vista, o trabalho parece fácil. Basta ligar o gravador, fazer as perguntas e transcrever a fita depois. Grande engano. Trata-se de um dos gêneros mais difíceis de produzir e escrever.

Quem?
A primeira dificuldade é a escolha do entrevistado. A lista de empecilhos equivale à distância entre a Terra e a Lua. Não pode ser uma personalidade óbvia, que fala a torto e a direito. O arroz de festa enfraquece a reportagem. Quanto menos aparecer em público, o que dará caráter de exclusividade à matéria, melhor. As declarações também não podem ser óbvias. Um empresário defenderia os produtos de sua companhia. Não vale. Pareceria *release* de assessoria de imprensa contratada pela empresa.

Ministros e aliados só devem ser considerados se forem capazes de fazer análises e emitir opiniões isentas de paixões sobre o governo que representam. Nunca se espera que critiquem o chefe, mas não custa nada ao repórter esforçar-se por arrancar opiniões sinceras. Aí a entrevista vale mais ainda. Como se diz nas redações, ficaria "saborosa".

Por se tratar de perguntas e respostas, o filé mignon das entrevistas são as declarações. O entrevistado deve ter o que dizer e suas opiniões precisam da força do inusitado ou da surpresa. Devem conter revelações ou abordagens inéditas de um assunto recorrente. Entrevistados evasivos, escorregadios, que falam sem dar nome aos bois, resultam chatos e inócuos. Publicá-los não faz falta nenhuma no jornal. Gastam-se papel e espaço precioso à toa.

O quê?

Preparar as perguntas certas desafia qualquer repórter. Só se conseguem bons resultados somando-se dois elementos – conhecimento prévio da fonte e intuição aguçada. O primeiro está nos arquivos de jornais e bibliotecas. Já o segundo... bem, o segundo requer talento natural para deixar o entrevistado tão à vontade a ponto de esquecer que há um gravador ligado na escrivaninha do escritório ou na mesinha de centro da sala. Requer coragem e sensibilidade para fazer perguntas constrangedoras sem constranger o interlocutor. Exige concentração absoluta nas respostas e habilidade mental para formular questões cada vez mais intensas e intimistas. É exaustivo.

> Não confie no gravador. Nem mesmo nos modernos, digitais. Anote as declarações. Esteja preparado para a possibilidade de a gravação estar comprometida, com ruídos ou inaudível. Trapezistas experientes trabalham com rede de proteção. Jornalistas também.

Vá com calma na hora do tome lá dá cá. Prepare pauta escrita com as perguntas. Comece pelos temas mais amenos. Sentindo-se seguro em tratar de temas de pouca relevância, o entrevistado se solta e relaxa as defesas preparadas antes do encontro com o jornalista. Sim, a fonte chegará com respostas na ponta da língua e a definição clara dos limites sobre o que pode e o que não pode revelar. Cabe ao repórter, com jeitinho, desmontar a barreira. Portanto, apesar da pauta, não se atenha a ela. Abandone-a se perceber espaço para investidas ousadas. Boas perguntas estão embutidas nas próprias respostas. Aproveite as oportunidades.

Às vezes, não dá tempo para preparação. No mundo dos jornais diários, o repórter pode ser deslocado para entrevistar alguém de uma hora para outra. Plantões de fim de semana e feriados são propícios para isso. Os jornalistas costumam estar à disposição para cobertura de qualquer tema, mesmo os pouco relacionados com sua área de atuação. Bate o desespero. Adeus, pesquisa aos arquivos e à biografia do dito-cujo. É o que se chama cair de paraquedas num assunto sem conhecimento prévio. Tremenda saia justa. Fazer o quê?

Como?
Edite o texto. Quem disse que entrevista de pergunta e resposta não exige esforço na hora de escrever? Metade da qualidade do trabalho está na edição. O que se obtém com a conversa entre jornalista e fonte é material bruto, carente de lapidação. A entrevista foi e voltou sobre vários assuntos, pulou de um tema para outro sem conexão aparente e abordou questões alheias à pauta. Organizar

o material, dando-lhe forma lógica sem alterar o sentido das palavras da fonte, demanda horas de suor.

Nunca haverá espaço suficiente para publicar uma entrevista de duas horas na íntegra. Muita coisa será excluída. Que sobre o melhor. Não se acanhe em editar as declarações. A fonte tende a ser coloquial, comete erros linguísticos e repete-se. Acerte a construção gramatical, tire exageros e observações paralelas ao assunto principal. Encurte as frases, deixando-as diretas e incisivas. Crie perguntas e divida as respostas para dar clareza às ideias. Sobretudo, enxugue o texto. Fique apenas com o coração das informações. A fonte agradecerá. O leitor também.

Ao escrever as perguntas, use tratamento formal para se dirigir ao entrevistado. Senhor ou senhora basta.

A transcrição das declarações na íntegra deve ser feita com parcimônia. Serve para mostrar ao leitor o estilo de linguagem do entrevistado, cacoetes, sotaques ou ironias. Dosada, acrescenta sonoridade à expressão e personalidade ao entrevistado. O repórter Ricardo Valladares acertou a mão na entrevista com Suzana Vieira, publicada pela revista *Veja* em maio de 2003. Ele incluiu três vezes, em três páginas, a expressão "meu bem", utilizada pela atriz para encerrar as falas. Ficou assim:

Veja – A ideia de seu marido vir a se interessar por uma mulher mais jovem a preocupa?

A arte de escrever bem

Suzana – Ele se interessou por mim, meu bem. Acho que, se um dia meu casamento entrar em crise, não vai ser pela diferença de idade [...]

[...]

Veja – É mal-humorada no trabalho?

Suzana – Não. Aliás, dificilmente fico mal-humorada [...].

Eu me faço respeitar, mas não sou louca, meu bem.

[...]

Veja – Um salário como o seu garante um ótimo padrão de vida. Como usa o seu dinheiro?

Suzana – Eu tenho um belo apartamento em Botafogo, no Rio de Janeiro, uma bela casa de verão, um belo carro importado. Mas não sou de ostentar. Também faço um pouco de caridade [...]. Assim como existem os invejosos, existem aquelas pessoas que acham que os artistas têm de ser santos. Nunca fui santa, meu bem.

A expressão coloquial, espalhada pelo texto, reproduz o jeito de Suzana Vieira falar. Faz o leitor "ouvir" as declarações, associando o texto à imagem da atriz na televisão. Recursos como esse enriquecem a entrevista. Usados em demasia, porém, sujam o texto e atrapalham a leitura.

Gente é notícia

Para aparecerem nos jornais, há assassinos que assassinam.

Eça de Queiroz

Perfil

Ao contrário das pingue-pongue, perfis tratam da personalidade de alguém. Contam histórias de vida, preferências pessoais, *hobbies* e idiossincrasias. Preocupam-se com a intimidade do entrevistado e com aspectos pouco conhecidos de sua trajetória profissional. Opiniões são importantes, mas não constituem o núcleo do trabalho. Perfis até prescindem de longas entrevistas. Declarações de outras pessoas sobre o personagem ganham destaque. Amigos, adversários, inimigos, concorrentes, parentes, filhos, pais, chefes, subordinados, todos podem acrescentar detalhes esquecidos ou despercebidos, revelar manias e contar bastidores das passagens relevantes dos perfilados. Perfis não servem para agradar, mas para revelar.

Há os perfis biográficos, apresentados pelos jornais quando alguém toma posse em um cargo ou recebe prêmio importante. Nesses casos, assessorias de imprensa se encarregam de divulgar dados sobre a vida profissional do personagem. Incluem lugar de nascimento, postos ocupados anteriormente, outros prêmios recebidos, projetos realizados. Trabalho burocrático, objetiva apresentar a pessoa com quem o leitor conviverá dali pra frente.

Mais: na reportagem-perfil, entra em campo o olhar do repórter. Ele ocupa a maior parte do tempo de apuração

A arte de escrever bem

vendo e ouvindo. De perto, poderá constatar as reações do personagem em momentos de tensão, de nervosismo. Presenciar cenas emocionantes. Ou anotar expressões de linguagem usadas com frequência – palavrões, tratamentos carinhosos, erros gramaticais, regionalismos. Ou assistir a reuniões decisivas, acompanhar a chegada de notícias inesperadas e detectar frustrações. Testemunha privilegiada, dará ao leitor informações de primeiríssima mão.

Perfis não são biografias autorizadas. Aliás, não são nem biografias. Ao contrário. Biografias encontram-se em documentos oficiais e narrativas curriculares. Numa reportagem-perfil espera-se encontrar as informações que as biografias escondem. Na entrevista pingue-pongue, o fio condutor é o próprio entrevistado. No perfil, é o repórter. Ele deve passar semanas – meses, se possível – acompanhando o personagem.

 Evite usar o gravador. Em perfis, não há a necessidade de transcrição literal de declarações. O gravador mais atrapalha do que ajuda. Inibe o personagem. Tira-lhe a espontaneidade para fazer confidências. Anote o que viu e ouviu assim que tiver um momento de solidão.

Parte dos profissionais entende que um bom perfil dispensa entrevista com o personagem. Foi o jornalista norte-americano Gay Talese, que tornou popular a reportagem-perfil sem ouvir a vedete do trabalho. Em 1966, publicou um perfil do cantor Frank Sinatra na revista *Esquire*. Passou meses tentando falar com ele, mas o astro sempre tinha uma desculpa para escapar. Gay Talese desistiu e passou a assistir a todos os shows do cantor, a persegui-lo em restaurantes e festas depois das apresentações e a falar com pessoas a seu redor. A matéria, "Sinatra está gripado", conta o desespero, o atordoamento e a confusão que se instalavam na equipe do cantor a cada espirro seu.

Eis os três primeiros parágrafos:

 Frank Sinatra, segurando um copo de bourbon numa mão e um cigarro na outra, estava num canto escuro do balcão entre duas loiras atraentes, mas já um tanto passadas, que esperavam ouvir alguma palavra dele. Mas ele não dizia nada; passara boa parte da noite calado; só que agora, naquele clube particular em Beverly Hills, parecia ainda mais distante, fitando, através da fumaça e da meia-luz, um largo salão depois do balcão, onde dezenas de casais se espremiam em volta de pequenas mesas ou dançavam no meio da pista ao som trepidante do folk rock que vinha do estéreo. As duas loiras sabiam, como também sabiam os quatro amigos de Sinatra que estavam por perto, que não era boa ideia forçar uma conversa com ele quando ele mergulhava num silêncio soturno, disposição nada rara em Sinatra naquela primeira semana de novembro, um mês antes de seu quinquagésimo aniversário.

Sinatra estava fazendo um filme que agora o aborrecia e não via a hora de terminá-lo; estava cansado de toda a falação da imprensa sobre seu namoro com Mia Farrow, então com vinte anos, que aliás

não deu as caras naquela noite; estava furioso com um documentário da rede de televisão CBS *sobre a vida dele, que iria ao ar dentro de duas semanas e que, segundo se dizia, invadia a sua privacidade e chegava a especular sobre suas ligações com os chefes da máfia; estava preocupado com sua atuação num especial da* NBC *intitulado* Sinatra – um homem e sua música, *no qual ele teria de cantar dezoito canções com uma voz que, naquela ocasião, poucas noites antes do início das gravações, estava debilitada, dolorida e insegura. Sinatra estava doente. Padecia de uma doença tão comum que a maioria das pessoas a considerava banal. Mas quando acontece com Sinatra, ela o mergulha num estado de angústia, de profunda depressão, pânico e até fúria. Frank Sinatra está resfriado.*

Sinatra resfriado é Picasso sem tinta, Ferrari sem combustível – só que pior. Porque um resfriado comum despoja Sinatra de uma joia que não dá para pôr no seguro – a voz dele –, mina as bases de sua confiança e afeta não apenas seu estado psicológico, mas parece provocar também uma espécie de contaminação psicossomática que alcança dezenas de pessoas que trabalham para ele, bebem com ele, gostam dele, pessoas cujo bem-estar e estabilidade dependem dele. Um Sinatra resfriado pode, em pequena escala, emitir vibrações que interferem na indústria do entretenimento e mais além, da mesma forma que a súbita doença de um presidente dos Estados Unidos pode abalar a economia do país.

Gêneros jornalísticos

O trabalho tornou-se um marco na história da imprensa. Identificado com o Novo Jornalismo norte-americano, corrente na qual se misturam notícias e literatura e da qual faz parte também o escritor Tom Wolf, Gay Talese escreveu, no final da década de 1980, outra reportagem contando os bastidores da apuração do perfil histórico de Frank Sinatra. Publicado pela revista *New Yorker*, chamava-se "Como não entrevistar Sinatra". Desde o trabalho original de 1966, as redações perceberam que bons perfis dependem mais do repórter que do personagem. Gay Talese criou paradigmas para reportagens-perfis que estão em vigor até hoje.

O jornal *Valor Econômico* utiliza uma receita mista para contar histórias de personagens marcantes da vida brasileira. Toda semana o jornal publica em seu caderno Cultura & Estilo uma sessão chamada *À Mesa com Valor*, misto de perfil e entrevista realizada durante uma refeição. Na edição do dia 20 de janeiro de 2012, sentou-se à mesa com *Valor* o editor Charles Cosac, um dos fundadores da extinta editora Cosac Naify. Começa assim:

> *Em 1996, depois de 15 anos morando e estudando fora do Brasil, Charles Cosac decidiu voltar ao país. Desembarcou carregando duas malas e três desejos: reaproximar-se do pai, casar-se com um homem e arrumar um trabalho que justificasse sua existência no mundo.*
>
> *Não havia ninguém à sua espera no aeroporto. Pudera. Viajou sem avisar a família, que preferia vê-lo longe. Pegou um táxi e foi direto para um*

hotel na região da avenida Paulista. Os quartos estavam todos ocupados. Numa mistura de medo e exaustão, Cosac largou-se no sofá do hall e chorou "feito um bebê".

Muita sessão de análise depois, Cosac continua solteiro e se cansou de falar mal do pai, Mustafá, que morreu no ano passado. "O momento mais próximo com papai foi quando ele me disse: 'Sou um monstro, mas não consigo te amar'. Eu sempre soube disso, mas o que eu poderia fazer, a não ser perdoá-lo?"

Bom, não é? Dá vontade de ler mais. Boas entrevistas e perfis são assim: dão água na boca.

Para escrever perfis:

- Evite adjetivos. Use descrições minuciosas da pessoa, do local onde vive, das roupas. O próprio leitor construirá a imagem do personagem mentalmente.
- Prefira linguagem coloquial, o mais próximo possível da maneira de falar do personagem. Palavras sofisticadas na boca de pessoas humildes soam falsas.
- Corrija erros gramaticais, a não ser nos casos em que o texto reproduz a linguagem incorreta dos personagens. No caso, escolha estruturas muito simples. Se alguém disser "nóis vai", não há mal algum em escrever "nós vamos" ou "a gente vai". Mas passar o original para "nós consideramos ir" é demais.

Gêneros jornalísticos

Personagem

Na virada do ano de 1988 para 1989, *Veja* incumbiu uma repórter de encontrar uma agulha num palheiro. Era o primeiro ano em vigor da nova Constituição. Como nenhuma outra antes, a Carta garantia muitos direitos sociais, e a revista pretendia mostrar o início de uma fase na história brasileira. Para ilustrar o momento, ela teria de encontrar um bebê nascido no dia 1º de janeiro, já sob as garantias da nova Constituição. Se fosse só isso, seria fácil. Mas a mãe deveria estar em licença-maternidade de quatro meses, e o pai, em licença-paternidade – duas novidades incluídas na vida brasileira.

Depois de muita peregrinação por hospitais, encontraram o que buscavam. Gêmeos! Papai e mamãe, orgulhosos, desfrutando dos direitos que a Constituição lhes garantia, concordaram em falar e posar para a foto com os pimpolhos no colo. A foto abriu a edição de Brasil daquela semana e toda a apuração da jornalista ficou resumida à legenda.

Personagens de matérias são assim – exemplos concretos do que está escrito na reportagem. Incluí-los no texto humaniza uma descrição fria, dá nome, endereço e identidade a um acontecimento. Trata-se de um dos recursos mais usados em informações na internet. Muitos editores proíbem matérias sem personagens.

 Para chegar a bons personagens, é preciso encontrar muitos e descartar a metade. Apure os detalhes das histórias de todos como se fossem imprescindíveis. Mas inclua na matéria só os mais representativos.

Em algumas reportagens, os personagens assumem papel tão central que os depoimentos são apresentados em primeira pessoa. Na edição de 10 de dezembro de 2018, a *Folha* publicou matéria sobre as acusações de estupro e abuso sexual contra o médium conhecido como João de Deus. Centenas de mulheres estavam entre as denunciantes. Uma delas, Aline Saleh, deu este depoimento à *Folha*:

"Agora, vou reenergizar os seus chacras. Fica de pé!", mandou. E começou a pegar nas regiões dos sete chacras do corpo [pelve, umbigo, estômago, coração, garganta, testa e topo da cabeça].

Disse que eu estava com muita energia e precisava de um realinhamento. Em seguida, e muito rapidamente, abriu a porta do banheiro da sala e me colocou pra dentro. Pediu que eu virasse de costas, colocasse as mãos nos meus quadris e me mexesse. Disse que era para liberar a energia. Muito esquisito.

E, nisso, você se vê acuada e não sabe o que fazer. Sentia meu corpo todo gelado, dos pés à cabeça. Ele falava "mexe, mexe". E eu dizia: "não quero, não consigo".

João falava o tempo todo que estava "tudo certo", e começou a me encoxar, rebolando. Aí pegou a minha mão e colocou para trás, no pinto dele, flácido, que estava para fora da calça.

Puxei a mão de volta. Ele disse que era "assim mesmo", que era importante e tal.

Tentou, de novo, conduzir minha mão para o seu pênis. Eu reagi. "O que é isso? Isso não está certo!" E me virei. Ele saiu pra sala, fechou a calça, se sentou no sofá. Eu me sentei no segundo sofá da sala, petrificada.

O texto em primeira pessoa, com o próprio personagem contando a história, trouxe maior impacto à reportagem. O jornal preservou a linguagem coloquial da personagem mostrando seu desconforto diante de uma autoridade religiosa. Não está escrito em nenhum lugar, mas o quadro apresentado pela denunciante, cheio de detalhes, com foto e nome completo, reforça as acusações contra o médium.

Há outros formatos para a apresentação dos personagens. Tratamento diferente foi dado aos personagens pela revista *Época* em uma reportagem sobre o *boom* de nascimentos de gêmeos e trigêmeos no Brasil em 2004, resultado da popularização das técnicas de reprodução assistida. Sob o título "A safra dos múltiplos", *Época* contou a história de várias famílias que tiveram gêmeos ou trigêmeos, todas acompanhadas de fotos.

Veja este exemplo:

◀﹚ *Organização é a alma da família*

No apartamento de dois quartos no bairro do Jardim Botânico, zona sul do Rio, a palavra de ordem é organização. Após o nascimento de Eduardo, Ana e João, atualmente com 3 meses, o casal Gustavo, de 34 anos, e Viviane Kruer, de 32, tem na ponta do lápis o dia a dia dos bebês. Literalmente. Tudo o que se passa com cada um dos trigêmeos é anotado numa planilha desenvolvida sob orientação médica. A família já testou mais de cinco modelos. Na folha de papel são registrados os medicamentos prescritos para as crianças, com hora e dosagem, todas as 30 mamadas, com horário e quantidade ingerida por bebê. "Se a gente não fizer assim, no meio da confusão corremos o risco de dar o remédio errado para um dos bebês, sem contar que um pode ser mais alimentado do que o outro", explica Viviane.

Além do registro fiel da rotina dos trigêmeos, o casal teve de criar técnicas para reconhecer as chupetas e distinguir os bicos das mamadeiras que agradam a um e desagradam aos outros. As chupetas, por exemplo, são guardadas em potinhos que ficam estrategicamente ao lado de cada berço, para não haver trocas.

Os exemplos dão a ideia do tipo de texto utilizado para apresentação de personagens. Na prática, eles seguem as mesmas regrinhas dos perfis. Com uma diferença: são mais curtos.

Opine, não ache

Quem exagera o argumento prejudica a causa.
Friedrich Hegel

Matérias de opinião ocupam cada vez mais espaço em jornais e revistas. O excesso de informação despejado sobre os leitores pelos meios eletrônicos de comunicação, mais ágeis e instantâneos, obrigou os veículos tradicionais a buscar saídas para ir além da notícia. Hoje, estar informado não basta. É preciso estar *bem* informado – entender as notícias, conhecer-lhes as causas e consequências, contextualizá-las e, acima de tudo, ter opinião sobre elas. Esse é o papel das matérias de opinião. Elas trazem pontos de vista diferentes sobre um tema, às vezes contraditórios, para que o leitor possa tirar as próprias conclusões.

Existem dois tipos principais de opinião nos jornais – editoriais e artigos. Os primeiros apresentam a posição da empresa sobre um fato. Os segundos, o pensamento de colaboradores: cientistas políticos, parlamentares, economistas, jornalistas, especialistas em áreas técnicas e quem tiver pontos de vista a apresentar.

Editoriais

Os editoriais expressam a opinião da empresa. Os veículos de comunicação têm editorialistas dedicados a esse trabalho. De forma pejorativa, são chamados de "pena de aluguel", referência ao fato de defenderem teses de terceiros. Eles, na prática, fazem o mesmo trabalho dos repórteres – ouvir e transmitir a opinião de suas fontes. No caso, as empresas para as quais trabalham.

Os meios de comunicação defendem interesses, cobram providências, criticam instituições. Posicionam-se diante dos leitores e das autoridades. Dada a importância de que se revestem, são escritos em linguagem cuidada, em língua de terno e gravata. Erros podem custar a cabeça do autor. Não por acaso, profissionais mais velhos e experientes, conhecedores da política interna da casa, respondem pela editoria de Opinião.

Artigos, colunas e análises

Artigos e análises representam a opinião de quem assina o texto. Os jornais publicam pequenas notas de rodapé com informações sobre o autor, para dar credibilidade ao escrito e ajudar a compreender as intenções por trás dos pontos de vista apresentados. A crítica ao programa de governo do ex-presidente Michel Temer feita por um adversário tem menos força do que outra, no mesmo sentido, feita por um aliado. Espera-se, claro, oposição da oposição.

Há ainda outro tipo de matéria opinativa em jornais, revistas e internet – as colunas assinadas. Elas aparecem em todos os cadernos dos jornais, conforme o assunto tratado, e também em blogs disponíveis apenas on-line. Os autores, sempre os mesmos, se tornam donos do espaço e, às vezes, lhe dão o próprio nome.

Nos últimos anos, novo recurso tornou-se corriqueiro. Trata-se das análises, que complementam reportagens ou grandes coberturas. No caso, convoca-se um especialista ou repórter da redação para avaliar o acontecimento, explicar suas causas e consequências.

Há duas formas consagradas de escrever editoriais, artigos e análises. Uma: apresenta, no primeiro parágrafo, o assunto a ser tratado, dando ao leitor o contexto e as informações necessárias para entender a opinião que virá a seguir. É o modelo mais usado. A tese aparece, em geral, a partir do terceiro parágrafo. A outra: segue roteiro inverso. Apresenta ao leitor a tese logo de cara, no início do texto. Em ambos os formatos, o miolo destina-se aos argumentos que sustentam a opinião.

Eis um editorial extraído da *Folha de S.Paulo* de 24 de junho de 2004:

 A apenas seis dias da transferência da soberania para o governo provisório iraquiano, uma série de ataques concentrados em cinco cidades produziu cerca de uma centena de mortes e mais de 300 feridos. A previsão é que novas ações em grande escala se repitam nos próximos dias.

A nova administração iraquiana já assume sob o signo de um dilema que parece insolúvel. Sem legitimidade popular, o governo sustenta-se principalmente na força militar da coalizão de tropas estrangeiras lideradas pelos EUA. E é justamente a presença desses soldados a principal motivação da resistência para lançar ataques contra a administração. Se as tropas saem do país, é quase certo que o governo provisório cai;

se ficam, não há nenhuma razão para que cessem os atentados que vêm desestabilizando o país, provocando centenas de mortes e minando a já combalida infraestrutura iraquiana.

Ao que tudo indica, os soldados estrangeiros permanecerão ainda por muitos anos no Iraque. A estratégia de estabilização passa por eleições que confeririam legitimidade e aceitação aos governantes. É claro que as possibilidades de erro são inúmeras. Para começar, o atual governo, ao qual caberá organizar os pleitos, é visto como um fantoche de Washington, o que poderá lançar dúvidas sobre os resultados eleitorais. De resto, parece bastante improvável que os EUA, com cerca de 130 mil homens no Iraque, aceitem um eventual governo islâmico hostil à Casa Branca.

O que parece mais certo nessa história toda é que o presidente George W. Bush cometeu um formidável erro ao invadir o Iraque e agora não sabe como livrar-se da encrenca.

Três quartos do texto são dedicados a contar a situação conflituosa do Iraque, pano de fundo para os atentados aos quais o jornal se refere, que foram manchete naquele dia – ataques matam ao menos 89 no Iraque. A opinião está expressa no parágrafo final. A *Folha* atribuiu ao então presidente George W. Bush a responsabilidade pelo conflito ao invadir o país. Considera a atitude de Bush "erro formidável".

Agora, acompanhe este exemplo, reprodução de outro editorial da mesma edição da *Folha*:

 No que já configura uma verdadeira gincana de populismo, o governador do Estado de São Paulo, Geraldo Alckmin, acaba de lançar seu programa de distribuição de medicamentos. Às vésperas da convenção tucana que indicará José Serra para concorrer à Prefeitura de São Paulo, o correligionário Alckmin criou, na capital, o Farmácia Dose Certa. Serão dez postos em estações do metrô que dispensarão gratuitamente 40 tipos de remédio a usuários do sistema público de saúde.

O Farmácia Dose Certa vem apenas duas semanas depois do Farmácia Popular, que é o nome do programa federal de venda subsidiada de medicamentos. Não por acaso, a rede criada pelo presidente Luiz Inácio Lula da Silva se concentra em São Paulo, onde a prefeita petista Marta Suplicy tentará a reeleição.

Em comum, ambos os projetos partilham, além do caráter demagógico, a total inconveniência. No contexto do SUS, remédios devem ser distribuídos gratuitamente nas farmácias de postos de saúde e de hospitais nos quais o paciente é atendido. Fora daí, entra-se no território do marketing eleitoral. Prova-o a própria escolha do local onde o governo do Estado pretende montar suas bancas: o metrô. Não se trata tanto de facilitar a vida do doente, que, para obter a receita médica, necessariamente passa por um posto de saúde ou hospital, mas de mostrar serviço para as centenas de milhares de pessoas que se utilizam diariamente da malha metroviária.

A essa altura, a população já se acostumou a ser regalada com benfeitorias de diversos calibres às vésperas de eleições. Em algum grau, isso faz parte da própria dinâmica das democracias. Todo administrador tende a mostrar realizações perto e não longe dos pleitos. A fronteira entre a iniciativa legítima e a apenas populista pode ser traçada a partir dos rudimentos da lógica. Quando a proposta encerra algum sentido econômico ou social, é aceitável, mas não quando ela nada acrescenta além da visibilidade para o governante. No caso das farmácias eleitorais, infelizmente nenhuma delas passa pelo teste da consistência.

Nesse caso, a *Folha* abriu o editorial criticando as iniciativas populistas dos governantes. "No que já configura uma verdadeira gincana de populismo..." constitui opinião enfática. O leitor soube, em poucas palavras, que o jornal ataca o novo sistema de distribuição de medicamentos. O argumento que justifica a ideia de que as tais farmácias sejam apenas recurso de marketing eleitoral ficou para o final.

Gêneros jornalísticos

Para escrever textos opinativos:

- Antes de mais nada, tenha uma opinião sobre determinado assunto.
- Tenha claro o ponto de vista a ser defendido. É fundamental saber se o texto vai defender uma ideia, criticá-la ou sustentar posição intermediária, de apoio com ressalvas.
- Faça pequena introdução para que o leitor se familiarize com o assunto a ser tratado. Ou apresente a opinião logo no início.
- A partir daí, desfile os argumentos em defesa da tese. Apresente pelo menos três justificativas. Menos do que isso enfraquece o texto.
- Ao sustentar a opinião, use argumentos concretos, como números de pesquisas e referências históricas. Cite especialistas renomados que corroborem sua posição.
- Sobretudo, nunca ache nada. Achismo não é opinião.

Quanto menor, melhor

O bom, se conciso, é duas vezes bom.
Baltasar Gracián

Colunas de notas se popularizaram nos últimos anos, quando os jornais começaram a reduzir o tamanho das matérias para atender à alegada falta de tempo da vida moderna. Para quem tem preguiça de ler o jornal, são mesmo o gênero ideal de notícias – diretas, enxutas, rápidas. As novas colunas tomaram emprestada a linguagem coloquial das antigas colunas sociais e incorporaram notícias de outras áreas "mais sérias" do jornalismo, como política, economia e esportes. Coluna de notas que se preza, hoje, precisa de informação exclusiva, além de fofocas, brincadeiras e bom humor.

Ao contrário do que pode parecer à primeira vista, escrever notas é tão difícil quanto escrever uma reportagem especial. Ou mais difícil, porque exige a aplicação máxima das regras do texto jornalístico. Nelas, clareza, concisão e objetividade são elevadas à décima potência, com pitadas de ironia, descontração e leveza. Na prática, cada nota equivale a um *lead* de reportagem.

Uma das colunas mais prestigiadas da imprensa brasileira é Painel, publicada diariamente na *Folha*. Eis as duas primeiras notas do dia 30 de dezembro de 2018:

Veteranos do Congresso articulam medidas que restringem privilégios de juízes e promotores

Pau que dá em Chico – *Parlamentares veteranos que conseguiram se reeleger articulam a aprovação no Congresso no início de 2018 de três projetos que miram o Judiciário e o Ministério Público. O conjunto de medidas tem sido chamado de "pacote do fim dos privilégios". Uma das propostas acaba com o foro especial para crimes comuns cometidos por magistrados, a outra pune o abuso de autoridade e a cereja do bolo proíbe a decretação de aposentadoria compulsória como pena disciplinar para juízes.*

Somos iguais – *O Supremo acabou com o foro especial para parlamentares, mas o Superior Tribunal de Justiça optou por preservar a prerrogativa para desembargadores. Os entusiastas do pacote de medidas no Congresso dizem que o Parlamento fará a decisão do* STF *valer para todos.*

Nos dois exemplos, os textos são curtos e grossos. Sem floreios ou meias palavras. O modelito para escrevê-los é o clássico do texto jornalístico – o quê?, quem?, quando?, onde?, como? e por quê?. Funciona tão bem quanto o vestido tubinho preto, acessório indispensável no guarda-roupa das mulheres. Não admite nenhum enfeite. O charme das colunas de notas reside na oferta apenas e tão somente da notícia nua e crua. Mais básico, impossível.

Acessórios trabalhosos

A palavra, como se sabe, é um ser vivo.
Victor Hugo

Nos bons tempos da imprensa, havia os copidesques, profissionais contratados para reescrever textos, dar título às matérias e legenda às fotos. Eles sumiram das redações. As tecnologias digitais obrigam o repórter a escrever na tela do computador, obedecendo ao tamanho da matéria definido pela diagramação e a fazer (no mínimo, sugerir) legendas, títulos e subtítulos.

A arte de escrever bem

Os três elementos da edição (título, subtítulo e legendas) são inseparáveis. Falam a mesma língua. Completam-se um ao outro. Páginas bem editadas, diz-se nas redações, são aquelas em que basta ler os "penduricalhos" para saber o conteúdo inteiro da matéria. Não por acaso, a distribuição dos acessórios nas páginas segue o movimento dos olhos durante a leitura. No mundo ocidental, lemos de forma horizontal, de cima para baixo e da esquerda para a direita. Japoneses leem da direita para a esquerda e de cima para baixo, mas no sentido vertical.

Assim, é natural e automático que, ao abrir jornais e revistas, os olhos do leitor recaiam sobre a parte superior das páginas, em que estão os títulos. Eles são o começo de tudo, a cenoura que conduzirá o leitor até o último ponto do texto, o elemento de sedução. No rádio e na TV, as chamadas para as reportagens garantem que o telespectador esteja de volta ao sofá depois dos comerciais. Os âncoras do *Jornal Nacional* encerram os blocos de notícias dizendo "A seguir...". A apresentação das notícias seguintes precisa ser tão forte quanto a própria notícia – ou mais.

A principal característica de um título (e das chamadas de TV e rádio, suas similares nas mídias eletrônicas) é apresentar o fato – o que aconteceu. O subtítulo acrescenta informações – como aconteceu, quem esteve envolvido e como. Legendas são um pouco mais complicadas. Elas servem para explicar uma foto e localizá-la no contexto da reportagem. Não devem descrever a imagem (o leitor está olhando para ela), mas identificar pessoas e lugares.

Os acessórios variam de formato. Reportagens factuais "pedem" títulos objetivos. Perfis, entrevistas e reportagens especiais admitem títulos abrangentes, conotativos. Nesse caso, aumenta a responsabilidade do subtítulo. É ele que cumprirá a função de apresentar o teor da reportagem ao leitor. Em suma: os três elementos da página formam um conjunto perfeito.

Veja estes exemplos, extraídos de *O Globo*:

◀﹚ **Ataque à fraude nos combustíveis**
Polícia Federal fecha depósito clandestino que vendia gasolina adulterada

◀﹚ *Eleições 2004*
Comércio ambulante de votos
No primeiro dia da campanha, Crivella, Bittar e Jandira criticam ação da Guarda contra camelôs

No primeiro caso, título factual. No segundo, trocadilho com a caça aos votos dos principais candidatos a prefeito do Rio de Janeiro e suas críticas à ação das autoridades contra o comércio ambulante nas ruas da cidade. Note que, no segundo exemplo, a frase não tem verbo. Entrou em ação aí outro componente – a retranca. No caso, "eleições 2004", identificação de uma série de reportagens sobre o início da campanha municipal em todo o país que se repetia em três páginas da editoria de Política. A retranca deu a ideia de continuidade à reportagem, mantendo a unidade de estilo e tratamento.

O *Correio Braziliense* é um dos jornais mais criativos nos títulos. No desenho das páginas, o subtítulo aparece acima do título. Portanto, o leitor recebe primeiro um resumo do conteúdo da matéria e, em seguida, um título forte, que funciona como conclusão da história. Veja estes exemplos:

A arte de escrever bem

◀️ ORIENTE MÉDIO
Para os israelenses, ele é uma obra essencial contra os terroristas. Para os palestinos, é uma forma de o governo Sharon confiscar terras. Tribunal Internacional de Justiça anuncia sua decisão hoje

Esse muro é legal?
(Edição de 9 de julho de 2004)

◀️ MEMÓRIA
Espanha comemora com grande exposição no Museu Rainha Sofia o centenário de Salvador Dali, pintor que renovou a linguagem artística em todos os campos em que atuou

Surreal ao alcance do povo
(Edição de 11 de julho de 2004)

Nos dois exemplos, a edição de títulos e subtítulos (se é que podem ser chamados assim, pela posição ocupada na página) vem amparada pela retranca explicativa do assunto tratado na matéria – *Oriente Médio* e *Memória*. Ela ajuda a contextualizar a reportagem, facilitando a leitura e a compreensão. Também compensam os títulos vagos, interpretativos.

O uso do ponto de interrogação nos acessórios das páginas é proibido em vários manuais de redação, mas o *Correio* provou que há exceções. Usou o recurso de forma apropriada no caso da construção, pelo governo israelense, do muro que separaria o país dos territórios palestinos da Cisjordânia. *Esse muro é legal?* resume a questão que seria respondida pelo Tribunal Internacional de Justiça.

Na matéria sobre Salvador Dali, o título *Surreal ao alcance do povo* explica o objetivo da exposição, fugindo do tratamento convencional dado às reportagens factuais.

Quente ou fria?

Palavras têm temperatura – você sabia? Como elas são a base dos títulos, a simples troca de sinônimos muda tudo, o contexto, o tom, a interpretação. Veja este exemplo, de *O Estado de S. Paulo:*

🔊 *Justiça manda Estácio indenizar aluna baleada*

A matéria conta a decisão da Justiça de condenar a Universidade Estácio de Sá a pagar indenização de R$ 950 mil a uma vítima de bala perdida no *campus* da escola. O assunto é polêmico, mas o título o transformou em matéria de segunda categoria. O problema está na palavra *indenizar*. Trata-se de linguagem técnica dos tribunais e advogados. O que seria uma matéria humana virou registro de decisão judicial. O resultado foi um título frio, distante das pessoas e da sociedade.

O título ficaria mais atraente assim:

🔊 *Aluna baleada receberá R$ 950 mil da escola*

Essa é mais quente – dispensa termos técnicos, inclui elementos humanos e apresenta a notícia sob o ponto de vista da vítima, não da Justiça. O que era uma informação burocrática tomou forma de história de vida, mais próxima das pessoas a que se destina o jornal. Moral da história: em títulos, dê preferência às palavras quentes, em geral mais curtas do que as frias.

Toque final

Não gosto de escrever. Gosto de ter escrito.
Armando Nogueira

As palavras são a ferramenta do jornalista. Conhecê-las é o primeiro requisito de quem quer escrever para ser entendido. O mau português compromete o esforço de pesquisa e redação, mutila as informações e prejudica a clareza. O emprego do termo adequado é uma das regras fundamentais do estilo.

Não se concebe um pintor que desconheça as cores, um compositor que ignore as notas musicais ou um escritor sem familiaridade com a língua. O jornalista precisa manejar o idioma com desenvoltura. Não raras vezes, porém, cai em pequenas armadilhas que põem abaixo sério e penoso trabalho. Algumas, relacionadas à norma gramatical; outras, afinadas mais com o bom gosto e o bom senso que com o certo e o errado.

A ética das palavras

Não existem palavras inocentes.
Frase inspirada em Freud

A socialite Carmem Mayrink Veiga ficou pobre. Precisou arregaçar as mangas e partir pra luta. Para provar que daria conta do recado, disse em entrevista que sempre trabalhara como uma negra. Tradução: trabalho pesado é coisa de negro.

Fernando Henrique estava em campanha eleitoral. Num laivo de humildade, confessou que tinha um pé na senzala. Para os bons entendedores, ficou claro. O homem não era tão perfeito quanto parecia. Tinha nódoas de origem.

"Tenho aquilo roxo", vociferou Fernando Collor de Melo. Delfim Netto se encarregou de pôr os pontos nos is. "Os brancos", ironizou ele, "têm aquilo rosa. Se você tem roxo, branco não é". Conclusão: o não ser branco constitui defeito que as pessoas precisam esconder.

As três histórias têm a cara do racismo brasileiro. É disfarçado. Frequenta com tanta naturalidade o dia a dia que raramente nos damos conta de que estamos reforçando preconceitos. Carmem Mayrink Veiga, por exemplo, morreu em 2017 e ninguém se lembrou da frase preconceituosa.

Por causa do preconceito, temos dificuldade de dizer que alguém é negro. Parece ofensivo. Criativos, inventamos um montão de palavras para designar afrodescendentes. É o caso de mulato, moreno, escurinho, sarará, cabo-verde, neguinho.

E por aí vai.

Muitas delas são eufemísticas. Constituem forma de adoçar o preconceito e torná-lo convenientemente invisível. "Desenvolvemos o preconceito de ter preconceito", disse Florestan Fernandes. A razão é simples. A legislação é pra lá de rigorosa. Crime de racismo figura entre os inafiançáveis. O jornalista responde nos tribunais.

Aconteceu com o colunista social Cláudio Cabral Ferreira, do jornal *Tribuna do Ceará*. Ele escreveu: "Feijoada é comida de músico baiano, negros e índios – sub-raças, evidente". O caso acabou no Tribunal de Justiça do estado. "Foi só uma brincadeira", defendeu-se ele. Os juízes aceitaram a desculpa e absolveram o acusado por entender que tudo não passara de galhofa. O gozador corria o risco de pegar seis anos de xilindró.

Expressões impregnadas de preconceitos usadas aqui e ali recorrem ao adjetivo "negro". Todas têm conotação negativa. Valem os exemplos de *câmbio negro, mercado negro, buraco negro, dia negro, lista negra, humor negro, magia negra, peste negra, ovelha negra, nuvens negras.*

Cortar *negro* do dicionário? Claro que não. A palavra é muito bem-vinda para designar africanos ou afrodescendentes. Zezé Mota é negra. Não é escurinha, crioula, negrinha, morena, negrona, de cor. Afora isso, xô! Quer indicar cor? Use preto.

O politicamente correto não se restringe a questões raciais. Não é politicamente correto pôr em risco o meio ambiente. Não é politicamente correto contar piadinhas sobre mulher. Não é politicamente correto usar termos que, de uma forma ou de outra, reforçam preconceitos.

Homossexual é homossexual ou gay. Bissexual é bissexual. Travesti é travesti. Lésbica é lésbica. Transexual é transexual. Nada de bicha, veado, fresco, boneca, traveco, gilete, sapatão, sapato 45. Cego é cego. Surdo é surdo. Mudo é mudo. Às vezes, pessoa com deficiência. Nunca aleijado, aleijão, defeituoso, deformado, retardado, mongoloide, débil mental.

Pobre é pobre ou pessoa de baixa renda, se possível, dizer a renda. Sem essa de pé-rapado, salário-mínimo, roto, pobretão. Idoso é idoso (melhor informar a idade da pessoa). Deixe de fora vovô, velho, decrépito, senil, gagá, velhote, titio, mais pra lá do que pra cá, esclerosado, pé na cova, hora extra no mundo. Nordestino é nordestino. Paraibano é paraibano. Piauiense é piauiense. Esqueça nortista, paraíba, piauizeiro, retirante, cabeça-chata, pau de arara, baiano cansado.

Pessoa baixa é baixa (dizer a altura). Nanica, pigmeu, pintor de rodapé, gabiru, anão de jardim, salva-vidas de aquário? Tranque as gozações no cofre e jogue a chave fora. Maltratar é maltratar. Desacreditar é desacreditar. Nada de judiar, que lembra judeu. Ou denegrir, que remete a negro.

É isso. Policie a linguagem. E não peque pela omissão. Fale mais, cobre mais. Faça barulho quando autoridades, que servem de modelo, recorrerem, mesmo inconscientemente, a expressões preconceituosas. É jeito de dar visibilidade ao preconceito envergonhado.

A luta é difícil porque se trava contra fantasmas. Vale a dica: para lutar contra o diabo, é preciso recorrer a todos os demônios. Afinal, o diabo nunca tira férias. Se necessário, faz hora extra. Quando não pode comparecer, manda a sogra. Resistir a ele? Só há uma receita. É a eterna vigilância.

Toque final

As penetras

Minha pátria é minha língua.
Fernando Pessoa

Um banco oficial patrocinou um espetáculo de música popular brasileira. Teatro lotado, o apresentador, de smoking e gravata borboleta, cumprimentou a plateia, pediu que desligassem os celulares e anunciou:

– Vamos estartar o show.

Uma hora depois voltou e informou ao distinto público:

– Teremos um break de quinze minutos.

Passado o tempo, as luzes se acenderam e se apagaram três vezes. Ele, de novo:

– É hora de reestartar o show.

Ensurdecedora vaia se ouviu. O pobre não entendeu a injustiça. Na cabeça dele, pegava bem usar os nobres estartar, break e reestartar no lugar dos vira-latas iniciar, intervalo e recomeçar. Pensou mal. Alguns não entenderam. Quem entendeu achou desaforo. Daí a reação.

Um fato é indiscutível. A língua está impregnada de palavras estrangeiras. Nos shopping centers, nas comunicações bancárias, nos nomes de lojas, só o inglês tem vez. Bairros emergentes dão a impressão de que vivemos em Nova York. Não falta nem Estátua da Liberdade.

É da natureza da língua ser flexível, viva, dinâmica, adaptável. Logo, livre pra sofrer influências e receber contribuições. A língua é como fogo morro acima e água morro abaixo. Ninguém controla.

Bater papo é o seu vício. O diálogo se dá, claro, com as línguas de mais contato. Se hoje o português tem mais proximidade com o inglês – graças à internet, ao cinema, à música americana –, é natural que sofra mais influência do inglês. Como antes sofreu do francês.

Fofoqueira, a língua fala de nós. Denuncia-nos. Mostra o que somos. Ora, se temos orgulho e amor por nossas coisas, cuidamos delas, ajudamo-las a crescer, frutificar, ter sucesso. Se, ao contrário, tratamo-las com indiferença, alienação e desprezo, o resultado é o empobrecimento e a morte. Em outras palavras: a entrega ao outro.

Se a língua fala de nós, o que diz a nosso respeito?

Revela um povo que usa poucos dos inumeráveis recursos de que dispõe. O português tem cerca de 400 mil palavras. Guimarães Rosa utilizou 9 mil. Um adulto escolarizado se recorre de 2 mil. Quem só frequentou o ensino fundamental fica pelos mil vocábulos. Quanto menos recursos se usam, mais pobre a língua fica. Uma palavra passa a traduzir muitas significações. Vira curinga.

Revela um povo com baixa autoestima. Dar nome inglês a estabelecimentos comerciais, anunciar em inglês a liquidação ou a entrega em domicílio denuncia falta de amor próprio, preguiça de criar e tendência à cópia. Denuncia, também, o produto que o consumidor deseja. O comércio oferece cardápio em inglês porque o consumidor quer. Valoriza o prato.

Os dois itens anteriores revelam, sobretudo, subdesenvolvimento. Somos subdesenvolvidos porque nos faltam educação e ciência. Usamos poucos recursos da língua porque não nos são exigidos. Embalamos nosso produto em inglês porque vende melhor. Se houvesse resistência, o quadro seria diferente.

Como lidar com os estrangeirismos na imprensa? Eça de Queiroz escreveu: "Um homem só deve falar, com impecável segurança e pureza, a língua da sua terra. Todas as outras as deve falar mal, orgulhosamente mal, com aquele acento chato e falso que denuncia logo o estrangeiro".

Há empréstimos incorporados. Esses praticamente conquistaram nacionalidade camoniana. É o caso de show, shopping, marketing. Alguns ganharam grafia portuguesa. Fiquemos com ela: abajur, gangue, uísque, estresse, xampu.

E, sempre que houver uma palavra portuguesa, vamos dar-lhe primazia. Prefira apagar a deletar; imprimir a printar; camiseta a t-shirt; participação no mercado a market share.

Na boca do povo

A coisa mais difícil do mundo é dizer pensando
o que todos dizem sem pensar.
Émile Auguste Chartier Alain

Paulo formou-se em comunicação. Em bate-papo com os colegas, soube que a uma emissora de TV estava contratando repórteres. Informaram-no que o primeiro passo era apresentar o currículo. Ele preparou cuidadosamente o texto. Ao entregá-lo, vários conhecidos faziam o mesmo.

Na hora da avaliação, lá estava o título em negrito – experiência anterior. Baita redundância. Toda experiência é anterior. Assim como todo elo é de ligação, todo hábitat é natural, todo amigo é pessoal. O pleonasmo, como excesso de sobremesa, enjoa. Nós brincamos com alguns pra lá de conhecidos. É o subir pra cima, descer pra baixo, entrar pra dentro, sair pra fora. Mas existem os engenhosos, que passam despercebidos. Nós, ingênuos, caímos na armadilha.

Sem corar, dizemos *manter o mesmo, ainda continua, ganhar grátis*. Ora, se mantemos, só pode ser o mesmo. Se não for, manter não é. Pode ser mudar, trocar, substituir. *Ainda continua?* As duas palavras falam de continuidade. Melhor ficar com uma ou outra (ele continua gripado, ele ainda está gripado). *Ganhar grátis?* Só pode. Se o presenteador for adepto da oração de São Francisco de Assis "é dando que se recebe", o presenteado não ganha. Compra, troca, negocia.

Há pleonasmos tão familiares que parecem gente boa, que nada mais faz que cumprir a obrigação. Não caia na deles. Os redundantes comprometem reputações, adiam a esperada promoção, afugentam amores.

Olho vivo. Todo general é do Exército. Todo brigadeiro, da Aeronáutica. Todo almirante, da Marinha. Todo país, do mundo. Toda viúva, do falecido.

Só há labaredas de fogo. Só existem estrelas no céu. Sorriso, nos lábios. Goteira, no teto. Monopólio, exclusivo. Erário, público. Planos ou projetos, para o futuro.

Criar? Só pode ser algo novo. Detalhes? São sempre pequenos. Encarar? Só de frente. Exultar? Só de alegria. Calar? Só a boca.

Todos são unânimes? Todos são todos. Unânimes são todos. Escolha um ou outro: *Todos concordaram. A decisão foi unânime.*

Além de fazer frio, também chove? Nem pensar. Decida-se. Fique com o *além*. Ou com o *também*: *Além de fazer frio, chove. Faz frio e também chove.*

Mesmeiros do texto

Nas palavras e nas modas, observe a mesma regra: sendo novas ou antigas demais, são igualmente grotescas.

Alexander Pope

Imagine alguém que use a mesma roupa dia após dia, mês após mês, ano após ano. A criatura deixa de surpreender. Monótona, não chama a atenção. Ao contrário. É altamente previsível.

Com a língua ocorre o mesmo. Certas palavras e expressões foram originais um dia. Despertaram comentário. Depois, de tanto repeti-las, viraram modismos, chavões ou lugares-comuns. Supérfluas, são pobres de valor informativo.

A arte de escrever bem

É o caso de "pontapé inicial". Alguém aproveitou o termo da linguagem futebolística e o usou num texto de política. Ótimo. Outros gostaram do resultado. Imitaram o primeirão. Hoje, quando bate o olho na mesmeira, o leitor sente cheiro de mofo.

Sobram exemplos:

A cada dia que passa; a duras penas; a olho nu; a olhos vistos; a ordem é se divertir; à saciedade; a sete chaves; a todo vapor; a toque de caixa; abertura da contagem; abrir com chave de ouro; acertar os ponteiros; agarrar-se à certeza de; agradar a gregos e troianos; alto e bom som; alimentar a esperança; amanhecer do dia; antes de mais nada; ao apagar das luzes; aparar as arestas; apertar os cintos; arregaçar as mangas; ataque fulminante; atingir em cheio; atirar farpas; baixar a guarda; barril de pólvora; bater em retirada; cair como uma bomba; cair como uma luva; caixinha de surpresas; caloroso abraço; campanha orquestrada; cantar vitória; cardápio da reunião; carta branca; chegar a um denominador comum; chover no molhado; chumbo grosso; colocar um ponto final; com direito a; comédia de erros; como manda a tradição; como se sabe; como já é conhecido; como todos sabem; comprar briga; conjugar esforços; corações e mentes; coroar-se de êxito; correr por fora; cortina de fumaça.

Mais: *dar o último adeus; de mão beijada; deitar raízes; debelar as chamas; depois de longo e tene-*

broso inverno; desbaratar a quadrilha; detonar um processo; erro gritante; de quebra; dispensa apresentação; divisor de águas; do Oiapoque ao Chuí; efeito dominó; em compasso de espera; em pé de igualdade; em polvorosa; em ponto de bala; em sã consciência; em última análise; eminência parda; empanar o brilho; encostar contra a parede; esgoto a céu aberto; estar no páreo; faca de dois gumes; familiares inconsoláveis; fazer as pazes com a vitória; fazer das tripas coração; fazer uma colocação; fazer vistas grossas; fez por merecer; fonte inesgotável; fugir da raia; gerar polêmica; hora da verdade; importância vital; inflação galopante; inserido no contexto; jogo de vida ou morte; lavar a alma; lavrar um tento; leque de opções; levar à barra dos tribunais; líder carismático; literalmente tomado; lugar ao sol; luz no fim do túnel; maltraçadas linhas; menina dos olhos; morto prematuramente.

Ainda mais: *na ordem do dia; na vida real; no fundo do poço; óbvio ululante; ovelha-negra; página virada; parece que foi ontem; passar em brancas nuvens; pelo andar da carruagem; perder o bonde da história; perder um ponto precioso; perdidamente apaixonado; perfeita sintonia; petição de miséria; poder de fogo; pomo da discórdia; pôr a casa em ordem; prendas domésticas; preencher uma lacuna; procurar chifre em cabeça de cavalo; propriamente dito; requinte de crueldade; respirar aliviado; reta final; rota de colisão; ruído ensurdecedor; sair de mãos abanando; sagrar-se campeão; saraivada de golpes; sentir na pele; separar o joio do trigo; sério candidato; ser o azarão; sorriso amarelo; tecer comentários; ter boas razões para; tirar do bolso do colete; tirar o cavalo da chuva; tirar uma conclusão; tiro de misericórdia; trair-se pela emoção; trazer à tona; trocar farpas; via de regra; via de fato; voltar à estaca zero.*

Ufa!

Lição do corpo

Só fala e escreve bem quem pensa bem.
Fialho de Almeida

O corpo fala. E dá lições. Uma delas: as partes que exercem função igual têm estrutura igual. No rosto, temos dois olhos, dois ouvidos, duas narinas. Um par exerce o mesmo papel que o outro. Os olhos veem. Os ouvidos ouvem. As narinas cheiram.

Por exercerem a mesma função, o casalzinho tem a mesma forma. Um olho é do tamanho e da cor do outro. Um ouvido é do tamanho e formato do outro. Uma narina tem a cara e o focinho da outra.

No resto do corpo, a história se repete. Temos duas mãos, dois braços, dois pés e duas pernas. Um e outro exercem a mesma função. As mãos seguram. Os braços abraçam. Os pés pisam. As pernas andam. Por isso, têm a mesma forma. Um braço é gêmeo univitelino do outro. Pés, pernas e dedos também.

A língua é boa aluna. Aprende a lição rapidinho. Termos e orações com funções iguais ganham estruturas iguais. Por exemplo: se o verbo pede dois objetos diretos, há dois caminhos. Um deles é dar-lhes a forma de nome. O outro, de oração.

Veja:

🔊 *O presidente negou interesse na reeleição e que o governo esteja sem rumo.*

O verbo *negar* é transitivo direto. Pede objeto direto. No caso, são dois objetos. Um: o interesse na reeleição. O outro: que o governo esteja sem rumo. Reparou? Houve desrespeito à lei do paralelismo. Os dois – *interesse na reeleição* e *que o governo esteja sem rumo* – são objetos diretos de *negar*. Mas têm estruturas diferentes. Um é nominal. O outro, oracional.

Em suma: misturaram-se alhos com bugalhos. Para corrigir o aleijão só há uma saída – dar a mesma estrutura aos dois objetos:

🔊 Estrutura nominal: *O presidente negou* **interesse** *na reeleição e* **falta** *de rumo no governo.*

🔊 Estrutura verbal: *O presidente negou* **que tivesse** *interesse na reeleição e* **que** *o governo* **estivesse** *sem rumo.*

 Cuidado com o **e que**. A duplinha só tem vez quando houver o primeiro *quê*. Na falta dele, tenha uma certeza: o paralelismo foi esnobado.

A arte de escrever bem

Veja:

🔊 *As pesquisas revelam grande número de indeci-sos **e que** pode haver segundo turno na eleição presidencial.*

Cadê o primeiro quê? O gato comeu. Que coma então o **e que**:

🔊 *As pesquisas revelam grande número de in-decisos e a possibilidade de segundo turno nas eleições presidenciais.*

Às vezes, os termos paralelos aparecem em forma de casaizinhos. São os pares da língua. Eles são fiéis uns aos outros: o que acontece com um acontece com o companheiro. Trocando em miúdos: se um dos parceiros se apresenta sem artigo, o outro segue o mesmo caminho. Se, ao contrário, se exibe devidamente acompanhado, o outro vai atrás.

Difícil? O exemplo deixa clara a fidelidade entre os membros de expressões escritas aos pares. Examine:

🔊 *Estudo **de** segunda **a** sexta-feira.*

A preposição *de* é pura. Não vem acompanhada de artigo. O parzinho dela não pode ser diferente. *A* é, também, preposição pura. Artigo não tem vez com ela. Por isso não ocorre a crase.

Compare:

🔊 *Trabalho **das** 8h **às** 22h.*

124

O primeiro par é **das**. As três letrinhas são a combinação da preposição **de** com o artigo **as**. O primeiro par é casado? O segundo também. **Às** é contração da preposição **a** com o artigo **a**.

Mais exemplos:

🔊 *Li o livro **da** página 5 **à** página 18.*

🔊 *Viajei **da** França **à** Alemanha de trem.*

🔊 *Fui de avião **de** Miami **a** Madri.*

🔊 *Corri **da** Rua Azul **à** Rua Verde.*

Samba da mistura doida

Lé com lé, cré com cré, cada sapato no seu pé.
Dito popular

Imagine a cena. Paulo tem na mão meio copo de Coca-Cola. Luís tem meio copo de guaraná. Eles resolvem fazer uma combinação. Misturam a Coca com o guaraná. Dá uma bebida estranha. Ninguém sabe o que é. A única certeza é esta: não é Coca-Cola. Nem guaraná.

Na língua também ocorrem misturas heterodoxas. São os cruzamentos. Distraídos, nós pegamos parte de uma estrutura. Juntamo-la com parte de outra. O resultado é um ser muito estranho. Parece filhote de jacaré com tartaruga.

125

Vale um exemplo. O português tem as locuções *à medida que* e *na medida em que*. Cada uma tem seu significado.

◀)) *À medida que = à proporção que*
Minha pronúncia melhora à medida que pratico a língua.

◀)) *Na medida em que = porque, tendo em vista*
A mortalidade infantil continua alta na medida em que não se resolveu o problema do saneamento básico.

Atenção, muita atenção. Volta e meia, a gente vê a locução *à medida em que*. Esse mostrengo equivale à mistura de guaraná com Coca Cola. Ou ao filhote de jacaré com tartaruga. Fuja dele.

Existem outras construções louquinhas por cruzamentos. Ao menor descuido, lá vaaaaamos nós. Juntamos lé com cré. E o sapato perde o pé. Com elas, todo o cuidado é pouco. Mantenha estas duplinhas sempre juntas:

◀)) **seja...seja:** *Seja no inverno, seja no verão, Maria está sempre bem-agasalhada.*
ou...ou: *(ou) No inverno ou no verão, Maria toma sorvete todos os dias.*
quer...quer: *Quer no inverno, quer no verão, Paulo usa terno e gravata.*
de...a: *Estudo inglês de segunda a quinta-feira.*
das...às: *Trabalho das 14h às 19h.*
não...mas: *Não moro em São Paulo, mas em Brasília.*

O casalzinho é inseparável. Mas há gente que teima em levá-lo ao adultério. Eis o resultado desmoralizador:

🔊 *Seja no inverno ou no verão, Maria está sempre bem-agasalhada.*
Quer no inverno ou no verão, Paulo usa terno e gravata.
Estudo inglês de segunda à quinta.
Trabalho de 14h às 19h.

Xô, união pornô!

Mistérios do plural

Liberdade completa ninguém desfruta: começamos oprimidos pela sintaxe e acabamos às voltas com o Dops.
Graciliano Ramos

Em 9 de julho de 2004, o *Correio Braziliense* criou um monstro. Na página 20, escreveu: "O grupo avisa a todos que defendem Saddam que irá cortar seus pescoços antes de chegarem a Bagdá". Depois do susto, a conclusão: os advogados são descendentes da Hidra de Lerna, que tinha nove cabeças. Se não forem, o singular se impõe:

🔊 *O grupo avisa a todos que defendem Saddam que irá cortar seu pescoço antes de chegarem a Bagdá.*

As palavras são cheias de manhas. Algumas têm plural. Mas, em certas construções, só se usam no singular. É o caso das partes do corpo. Dizemos que os presentes balançaram a cabeça (não as cabeças) porque cada um só tem

127

uma cabeça. Pela mesma razão escrevemos: *Os tiros pegaram no coração dos manifestantes; Os presentes levantaram a mão.*

Atenção: a regra não vale para as partes plurais (olhos, pernas, orelhas, braços): *Levantaram os olhos* (os dois) *para o céu. Ergueram os braços* (os dois) *em sinal de aprovação. A mãe puxou-lhes as orelhas* (as duas).

Se for só um olho, um braço, uma orelha, o singular pede passagem: *Ergueram o braço* (um só) *na votação da proposta. A mãe puxou-lhes a orelha* (uma só). *O bebê agitou a perna* (uma só) *em sinal de impaciência.*

A propriedade que se refere a dois ou mais sujeitos também abomina o plural: *A polícia gaúcha procura três meninos com idade* (não idades) *entre 8 e 9 anos. A* USP *divulga nome* (não nomes) *dos classificados no vestibular. A festa contou com a presença* (não presenças) *de cantores e repentistas. A polícia apura a identidade* (não identidades) *dos acusados. O técnico anunciou a escalação* (não escalações) *dos jogadores. Cerca de três mil pessoas perderam o emprego* (não empregos).

Por que o singular? Pela mesma razão do singular nas partes do corpo. Se você bobear e escrever que a USP divulga nomes dos aprovados, dará a impressão de que cada aprovado tem mais de um nome. Falso, não?

Receita do cruz-credo

Não basta escrever certo. Elegância e fluência também contam.
Josué Machado

Agudização, prestigiamento, obstacularizar, tecnologizar & cia. têm um ponto em comum: irritam o receptor. Denunciam profissional descuidado com a língua, presa fácil de modismos e vocábulos malformados que entram no idioma pela porta das traduções malfeitas. Antijornalísticas, figuram na lista de palavras vetadas em quase todos os manuais de redação.

As novidadeiras, porém, não se fazem de rogadas. Aparecem desenvoltas em títulos, sutiãs, legendas e textos. Com razão, tornaram-se motivo de chacota, frequentadoras de programas humorísticos. Ricardo Freire, incomodado com o abuso, escreveu o artigo "Complicabilizando" para a revista *Época*. Eis trecho do desabafo:

 Sim, estou me associando à campanha nacional contra os verbos que acabam em "ilizar". Se nada for feito, daqui a pouco eles serão mais numerosos do que os terminados simplesmente em "ar". Todos os dias os maus tradutores de livros de marketing e administração disponibilizam mais e mais termos infelizes, que imediatamente são operacionalizados pela mídia, reinicializando palavras que já existiam e eram perfeitamente claras e eufônicas.

[...]

Precisamos reparabilizar nessas palavras que o pessoal inventabiliza só para complicabilizar. Caso contrário, daqui a pouco nossos filhos vão pensabilizar que o certo é ficar se expressabilizando dessa maneira. Já posso até ouvir as reclamações: "Você não vai me impedibilizar de falabilizar do jeito que eu bem quilibiliser". Problema seu. Me inclua fora dessa.

O gerundismo é outra praga. Chegou tímido, trazido pelas más traduções do inglês. Adotado por secretárias, telefonistas e, sobretudo serviços de telemarketings, criou asas e voou. Ganhou intimidade com as salas de aulas, as páginas de jornais e revistas, e dos bem cuidados telejornais.

O que quer o intruso? Quer tomar o lugar do simpático futuro da nossa língua. "Vou estar anotando", "vou estar encaminhando", "vai estar lendo"? É a receita do deus nos acuda. Para não afugentar o cliente, mandam o bom senso e a boa norma dar o recado no futuro simples (*anotarei, encaminharei, lerá*). Ou no composto (*vou anotar, vou encaminhar, vai ler*).

O gerúndio não para aí. Se deixar, invade outros territórios. É o caso do presente contínuo. A forma *estar + gerúndio* indica ação em curso, transitoriedade: *Neste momento, você **está lendo** a receita do cruz-credo. Eu **estava saindo** quando o telefone tocou.*

Fora desses limites estreitos, o casadinho não tem vez. *Eu estou sofrendo do coração?* Nem pensar. A doença tem duração maior que o momento em que se fala. *Eu sofro do coração. Maria está morando em São Paulo há dez anos?* Sem essa. *Maria mora em São Paulo. Nós estamos estudando inglês na Cultura Inglesa?* Não. *Nós estudamos inglês na Cultura Inglesa. Em Brasília, estamos sempre falando com autoridades?* Engano. *Em Brasília, falamos sempre com autoridades.*

E as duplinhas? As más línguas juram que elas ajudam a construir nosso jeitinho de ser. O que torna o brasileiro brasileiro? Uns dizem que é o gosto por caipirinha. Outros, a paixão por feijoada. Há quem fale em tendência a adiar compromissos. Muitos lembram o falar bonito. Todos concordam na quedinha por esconder o pensamento. No fundo, trememos na base ante a hipótese de assumir responsabilidade.

"Como vai?", perguntamos. Há mais de 50 respostas para a questão: tudo bem, vou indo, mais ou menos, assim-assim, navegando, flutuando, do jeito que Deus manda, não tão bem quanto você, melhor do que mereço, conforme sopra o vento, se melhorar estraga. E por aí vai. Todas têm uma característica. Fazem de conta que respondem, mas não respondem.

Recorremos a mil estratégias de falar sem dizer. Uma delas: espichar os verbos. Poucos resistem à tentação. Ao menor cochilo, lá estão dois infinitivos juntos. Em 99% dos casos, sobra gordura.

Poder, querer, tentar & gangue se prestam como ninguém ao papel sujo. Como quem não quer nada, juntam-se a outro infinitivo. Não dá outra. Viram parasitas – roubam a força do verbo principal. Deixam-no frouxo, obscuro, sem charme.

Exemplos pululam por aí:

 *Ele fez tudo para **poder salvar** o casamento.*
*Ele fez tudo para **salvar** o casamento.*

A arte de escrever bem

🔊 Gastou as economias para **poder estudar** na Europa.
Gastou as economias para **estudar** na Europa.

🔊 Chegou cedo para **poder pegar** um bom lugar.
Chegou cedo para **pegar** um bom lugar.

🔊 No afã de **querer parecer** bonita, Vera Fisher gasta horas nos salões de beleza? Falso.
No afã de **parecer** bonita, Vera Fischer gasta horas nos salões de beleza.

🔊 O presidente não medirá esforços no empenho de **querer acabar** com a fome no Brasil? Desista.
O presidente não medirá esforços no empenho de **acabar** com a fome no Brasil.

Fale sério. O sentido mudou? Não. *Poder* e *querer* ficam implícitos na frase. Rua pra eles.

📌 Outro recurso para fugir da responsabilidade é esconder-se atrás do *tentar*. Abra o olho. Ao dizer "vou tentar resolver meu problema de pontuação", você dá razão aos psicólogos. Eles explicam: Quem quer faz. Quem não quer tenta.

Para ser convincente, seja corajoso. Afirme. Mande o *tentar* pras cucuias:

🔊 Vou resolver meu problema de pontuação.

É isso. E não é pouco.

132

A ditadura da indústria

Escrevi o livro para tirar o pé da lama.
Adriane Galisteu

Quando você pensou que tinha aprendido tudo sobre escrever bem, aqui vai uma má notícia. Não basta escrever bem. É preciso ser rápido e preciso. Pouco adianta apresentar uma reportagem fabulosa se estiver maior do que o espaço (ou o tempo, no caso de rádio e TV) reservado a ela. Nem a internet é ilimitada. O tamanho do texto digital é imposto pela paciência do leitor. Também terá pouca serventia se o autor estourar o horário de fechamento da edição impressa. O repórter corre o risco de ver um calhau publicado no lugar da preciosa obra.

Curiosidade 1: calhau é anúncio usado para completar uma página quando termina o horário de fechamento sem que as matérias estejam prontas.

Curiosidade 2: com propriedade, o horário limite para o fechamento é chamado de *deadline* – linha da morte. Ultrapassá-la significa a morte da matéria ou do emprego do jornalista.

Os repórteres detestam a comparação, mas o trabalho deles assemelha-se à produção de salsichas. Há um buraco a ser preenchido. E é preciso preenchê-lo até determinado horário. Atrasos comprometem as estratégias de distribuição em bancas e a venda. A venda influencia o preço dos espaços publicitários. É bom lembrar: jornais, revistas, telejornais são produtos de uma indústria, que visa ao lucro.

A faca dos editores

Dos dois maiores fantasmas da vida nas redações, o tamanho do texto e o prazo de fechamento, o primeiro é aterrador porque toca no ego do autor. Texto jornalístico é concreto, passível de ser medido em centímetros ou em tempo de leitura. Se não couber no espaço reservado para ele, entra na faca dos editores. "Corta pelo pé", gritavam editores dos anos 1970. A ordem tinha uma lógica. Esperava-se que as informações mais importantes estivessem no início do texto. Assim, se estava grande demais, cortavam-se as linhas finais – o pé da matéria.

Hoje, nem sempre se corta pelo pé, porque a organização dos textos mudou, mas ainda se corta sem a menor consideração pelos talentos literários de que o repórter se julga depositário. Entregar a matéria no tamanho pedido é tão importante quanto descobrir um furo de reportagem. Não adianta reclamar. Os diagramadores, responsáveis pelo desenho das páginas, mandam nos jornais. O espaço, limitado assim como o tempo dos telejornais e dos programas de rádio, é uma das maiores fontes de insatisfação nas redações.

A ditadura do espaço, como toda ditadura, é danosa também quando tem efeito contrário. Há situações – raras, é verdade – nas quais o jornalista precisa aumentar o texto em vez de reduzi-lo. Acredite: encher linguiça é a pior praga do trabalho. Na falta do que dizer, repórteres publicam declarações das fontes na íntegra, incluem descrições pouco importantes e cedem à tentação literária. Tomam o tempo do leitor, irritam-no e ocupam espaço precioso com informações de quinta categoria. Mas não há nada a fazer. O jeito é caprichar na apuração para a eventualidade.

A pressão do fechamento

O processo industrial também funciona sob rigoroso controle de horários. Atrasos no fechamento causam efeito dominó desastroso e caro. As empresas pagam horas extras aos trabalhadores das gráficas e comprometem todo o sistema de logística para a distribuição dos exemplares às bancas e aos assinantes da versão impressa. Os prejuízos são altos para os veículos de circulação nacional, dependentes de horários de voos. Se os jornais desembarcarem nas bancas depois das 7h30, os compradores avulsos ficarão sem o exemplar em papel. Nas mídias on-line, o prazo para entrega de um trabalho se mede pela exclusividade e importância da notícia. Quanto mais exclusiva e importante ela for, mais curto o prazo para colocá-la no ar. É preciso correr para dar a notícia antes dos concorrentes e garantir o furo digital.

O resultado do atraso é trágico. Assinantes telefonam raivosos. Cobram o cumprimento do horário de entrega e ameaçam cancelar a assinatura. Os leitores eventuais comprarão o jornal do concorrente. Há ainda perda de credibilidade. Autoridades, empresários e outros profissionais, leitores diários por dever de ofício, iniciarão a jornada de trabalho sem as informações do veículo. Resultado: as matérias não serão lidas nem trarão repercussão pública.

Em suma: pouco adianta escrever bem se o tempo gasto ameaçar o fechamento. Entre a qualidade do trabalho e a precisão do horário, opte pelo segundo. Além do talento para apurar informações e redigir bons textos, jornalistas precisam ser rápidos no teclado. Reportagens especiais, em geral, podem ser produzidas em tempo maior, sem tanta pressão. Mas é impressionante como há repórteres condicionados a trabalhar sob pressão. Muitos acabam deixando tudo para a última hora. Enrolam uma semana e acabam estressados, varando madrugadas para concluir a tarefa na linha da morte.

Situação idêntica se vive nas redações dos telejornais e noticiários de rádio. Lá se obedece a grades fixas de programação, cujos espaços publicitários são preenchidos segundo a segundo. Atrasos causam prejuízo e perda de audiência. O horário de fechamento é sentença inapelável.

A ditadura dos prazos industriais cria eterno conflito entre dar bem uma matéria e fechar no horário. No corre-corre, os repórteres se empenham em incluir informações atualizadas (ou "quentes", no jargão jornalístico) nas matérias do dia. Alguns eventos começam pela manhã e só terminam na hora de ir pra casa. Essa situação exige rapidez do profissional na apuração e, principalmente, na hora de escrever. Não há tempo para revisões cuidadosas nem para reescrever o texto. A margem de risco para ocorrência de erros aumenta à medida que o prazo final se aproxima.

Muitas atualizações de reportagens impressas são feitas em serviços on-line, num ciclo de 24/7 – 24 horas por dia, 7 dias por semana. Cria-se uma reportagem sem fim, com as versões impressa e digital se retroalimentando. Mesmo assim, vale lembrar que a edição em papel é eterna: impossível de apagar, botar fogo, esconder, tirar de circulação. Imprimiu, não dá pra voltar atrás. Resultado: jornais e revistas impressos estão cheinhos de pérolas. Os leitores atentos as anotam. Depois, não deixam por menos. Soltam relações na internet. Eis algumas preciosidades:

🔊 *Depois de algum tempo, a água corrente foi instalada no cemitério para satisfação dos habitantes.*

A nova terapia traz esperança a todos os que morrem de câncer a cada ano.

Apesar da meteorologia estar em greve, o tempo esfriou ontem intensamente.

Mais:

🔊 *Os sete artistas compõem um trio de talento.*

A vítima foi estrangulada a golpes de facão.

Os nossos leitores nos desculparão por esse erro indesculpável.

Há muitos redatores que, para quem veio do nada, são muito fiéis a suas origens.

No corredor do hospital psiquiátrico, os doentes corriam como loucos.

Ela contraiu a doença na época em que ainda estava viva.

Mais ainda:

🔊 *O aumento do desemprego foi de 0% em novembro.*

As circunstâncias da morte do chefe de iluminação permanecem rigorosamente obscuras.

O presidente de honra é um jovem septuagenário de 81 anos.

Parece que ela foi morta pelo assassino.

Ferido no joelho, ele perdeu a cabeça.

A arte de escrever bem

> *A polícia e a Justiça são as duas mãos de um mesmo braço.*
> *O acidente foi no tristemente célebre Retângulo das Bermudas.*

Um pouco mais:

> *Este ano, as festas do 4 de setembro coincidem exatamente com a data de 4 de setembro, que é a data exata, pois o 4 de setembro é um domingo.*
> *O tribunal, após breve deliberação, foi condenado a um mês de prisão.*
> *Quatro hectares de trigo foram queimados. A princípio, trata-se de um incêndio.*
> *O velho reformado, antes de apertar o pescoço da mulher até a morte, se suicidou.*
> *Um surdo-mudo foi morto por um mal-entendido.*
> *À chegada da polícia, o cadáver se encontrava rigorosamente imóvel.*

Quer mais? Leia o jornal que está a seu lado. E acredite: na disputa entre fechamento e boa edição, a qualidade sai perdendo.

Bibliografia

Conti, Mario Sergio. *Notícias do Planalto*: a imprensa e Fernando Collor. São Paulo: Companhia das Letras, 1999.

Duailibi, Roberto. *Duailibi das citações*. São Paulo: arx, 2000.

Ferrari, Pollyana. *Jornalismo digital*. São Paulo: Contexto, 2004.

Grijelmo, Áex. *El estilo del periodista*. Madrid: As Taurus, 1997.

Kushner, Malcom. *Como falar em público para* dummies. Rio de Janeiro: Campus, 2004.

Manual de estilo da Editora Abril. Rio de Janeiro: Nova Fronteira, 1990.

Martins, Eduardo. *Manual de redação e estilo de* O Estado de São Paulo. São Paulo: O Estado de São Paulo, 1997.

Melo, Luiz Antonio. *Manual de sobrevivência na selva do jornalismo*. Rio de Janeiro: Casa Jorge Editorial, 1996.

Noblat, Ricardo. *A arte de fazer um jornal diário*. São Paulo: Contexto, 2002.

Rónai, Paulo. *Dicionário universal Nova Fronteira de citações*. Rio de Janeiro: Nova Fronteira, 1985.

Squarisi, Dad. *Mais dicas da Dad*: português com humor. São Paulo: Contexto, 2003.

Squarisi, Dad; Salvador, Arlete. *Escrever melhor*: guia para passar os textos a limpo. São Paulo: Contexto, 2008.

Talese, Gay. *Fama e anonimato*. São Paulo: Companhia das Letras, 2004.

Vivaldi, G. Martins. *Curso de redacción*: del pensamiento a la palabra. Madrid: Paraninfo, 1981.

As autoras

Dad Squarisi tinha o dom e o prazer de ensinar. Em palestras ou consultas feitas por leitores do *Correio Braziliense*, onde era editora de Opinião e escrevia a coluna *Dicas de Português*, não parava de tirar dúvidas. A saída para democratizar mais as lições foi publicar livros. Desde o primeiro, *Dicas da Dad: português com humor*, não parou. O sucesso editorial rendeu *Mais dicas da Dad* (ambos publicados pela Contexto). Formada em Letras pela UnB, com especialização em Linguística e mestrado em teoria da literatura, Dad Squarisi deu aulas de língua portuguesa e literatura brasileira nos três níveis de ensino e no Instituto Rio Branco (MRE). É co-autora de *Escrever melhor* e *Redação para vestibulares e concursos*.

Arlete Salvador é jornalista desde 1980 e trabalhou em alguns dos mais importantes veículos de comunicação do país, como os jornais *O Estado de São Paulo* e *Correio Braziliense* e a revista *Veja*. Nesse tempo, Arlete ocupou quase todos os cargos de uma redação. Foi repórter, editora, editora-executiva, chefe de sucursal e colunista de política. Em todos esses postos, deixou como marca principal a qualidade do texto – preciso e elegante. Arlete mostra aos leitores os bastidores das redações e oferece dicas sobre como escrever bem num ambiente pressionado pelo tempo e pelas limitações de espaço nas páginas dos jornais e na internet. Seu último livro publicado é *Escrever bem no trabalho: do relatório ao WhatsApp*.

GRÁFICA PAYM
Tel. [11] 4392-3344
paym@graficapaym.com.br